他们拼命想要预测，
但历史上充满了不可预见的革命。

——卡尔·波普尔

穿越百年 民国前传

李礼◎主编

中国发展出版社

图书在版编目（CIP）数据

穿越百年：民国前传/李礼主编．—北京：中国发展出版社，2012.5

ISBN 978－7－80234－779－3

Ⅰ．穿…　Ⅱ．李…　Ⅲ．文化遗址—介绍—中国
Ⅳ．K878

中国版本图书馆CIP数据核字（2012）第065845号

书　　　名：穿越百年：民国前传
主　　　编：李　礼
出 版 发 行：中国发展出版社
（北京市西城区百万庄大街16号8层　100037）
标 准 书 号：ISBN 978－7－80234－779－3
经　销　者：各地新华书店
印　刷　者：北京科信印刷有限公司
开　　　本：700×1000mm　1/16
印　　　张：15.75
字　　　数：190千字
版　　　次：2012年5月第1版
印　　　次：2012年5月第1次印刷
定　　　价：32.00元
咨 询 电 话：（010）68990642　68990692
购 书 热 线：（010）68990682　68990686
网　　　址：http：//www.develpress.com.cn
电 子 邮 件：fazhanreader@163.com

序 留在地脚上的历史

张 鸣

历史是人演出来的，一代又一代，你方唱罢我登场，更多的时候是唱对手戏，或打，或谈，或者一起喝酒吃饭，歌舞弹唱。但所有的戏码，都得在地上演，演好了，还是演砸了，都会留下痕迹。

中国人跟欧洲人不一样，在建筑上，善于玩土木，不善于玩石头，改朝换代，从项羽开始，又偏喜欢放火，所以一个个前朝的旧迹，剩下的不多，但是土地却有记忆，地层的差异，一个又一个的夯土敦，告诉后来的人们，这里经过了多少次的沧海桑田，多少次的王冠落地。只要脚踏上那片土地，土地就会告诉你点什么。

写历史，读历史，都可以走着写，走着读。考察一场战役，不亲临现场，看看山川地貌，河流走向，就只能是纸上谈兵，不辨东西。想知道皇帝是如何尊贵，怎么也得到故宫走一趟，立在丹墀之上，你才明白，大殿里龙椅坐上的那个人，无论是什么德行，在这样的建筑里，都透着威严，让人敬畏。

2011年辛亥革命百年纪念，应广东南方电视台的邀请，跟中山大学的一位历史学教授一起，走读了广州的革命遗迹。其实，当日的广州，早已不复存在，能走读的也就是寥寥无几的几座坟茔。但是，即使看看当年建造的墓碑，摸摸碑上的文字，还是能感触到几丝历史的厚重，有一种瞬间回到当日现场的感觉，用今天的时髦话说，叫做穿越。

穿越无非是种梦呓，无论科技如何发达，估计都造不出时光列车，把现在的人送到古代去。但现在的人写史读史，如果没有一点古人的现场感觉，多半做不好这事。

到了旅顺要塞，你才能感觉到当年日俄战争的残酷，同时才能体会出甲午战争中清军是多么的无能。同样一个要塞，俄军坚守了将近一年，而清军仅仅守了8天。到了刘公岛，你才能明白，当年北洋水师的避战策略，是多么的荒唐。刘公岛和对岸的威海，构成了一个完整的乌龟壳似的堡垒，躲在里面，敌人的海军的确攻不进来，但是只消敌人绕道从后面攻下威海，这个乌龟壳就被人掀开了，躲在里面的北洋海军，就算有天大的本事，也只剩下挨揍的份了。

看看北京的西什库教堂，你才能明白在义和团运动中，所谓义和团的勇敢是怎么回事了。这样一个不大的教堂，没有坚固的堡垒，里面仅40支洋枪就顶住了义和团几万人两个多月的围攻。如果义和团真的不怕死，挤也给它挤塌了。

我们的历史课，真应该开放，让老师领着学生，走出来讲，到历史发生过的现场去讲。这样的话，历史就活了。有的时候，看看展览，看看古人用过的东西，鉴赏一下古人留下的画像，看看古人穿过的衣服、用过的盔甲，对于体悟历史，都会有很大的帮助。历史不仅需要学习知识，记住年代，更重要的是要有感觉。这种感觉，只能从古人的现场，包括古人留下的物件中去寻找。

因此，本书以地理为线索钩沉历史，不仅别开生面，也显得生动而耐读。

可惜的是，这么多年来，我们在革命和建设中，对古人，或者说对自己的祖先过于不尊重了，革命大拆大砸，建设和开发还是大拆大砸，还有推土机和挖掘机的横扫。所谓封建主义的痕迹不值得保留，而近代修建的小洋楼，又是帝国主义的痕迹，更不该保留。这些年来，一边是拆掉平毁古人的痕迹，一边是大兴土木修建假古董，历史留在地脚上的遗迹，是越来越少了。假古董的出现，把土地原来的记忆也给毁了。有时候，前年去的时候，东西还在，今年再去，就已经人已非，物也不是了。即使建了假古董，建得跟真的似的，任凭你怎样发思古之幽情，也找不到感觉了。

大概，我们只能躲进文字里，用我们走读的文字，建一个小小的象牙塔，在里面祭奠我们的古人，我们的历史。

2012年4月7日星期六

于京北清林苑

旅顺口的陷落 [124-137]

洋书店——延陵巷 [138-146]

1907，绍兴之夏 [147-160]

佟麟阁路上的赛跑 [161-176]

岳府街，被遗忘的光阴 [177-188]

从万木草堂到黄花岗 [189-202]

武昌，昔日风雷 [203-219]

长江路南京的背影 [220-232]

作者简介 [233-235]

后记 [237-240]

目录

上海，租界西风 [001~017]

五台的光荣与梦想 [018~035]

梁启超的茶坑村 [036~048]

小站春秋 [049~069]

『张南通』故里行 [070~081]

寻路东交民巷 [082~099]

西什库，热月围攻 [100~0104]

浏阳，激进的小城 [105~123]

上海，租界西风

薛理勇

> 吾国外力侵入，则上海当为政治上之国耻纪念地；物质进步，则上海又为学术上之文化发轫地。
>
> ——姚公鹤《上海闲话》

1843年11月17日上海正式开埠不久，英租界率先在上海建立（1845年），之后1848年和1849年美租界和法租界建立；1863年，英、美租界正式合并，就是后来所称的“公共租界”。

在上海英租界出现后的50多年间，各国先后在上海、天津、汉口、广州、厦门、九江、镇江等12个城市建立了30个租界，总面积不足40平方公里，而上海租界的面积就达到22平方公里。同样，到20世纪30年代，上海的城市面积约为40余平方公里，其中租界面积占2/3强。上海租界之地位、势力、影响、作用之大是显而易见的。

租界是独立于中国行政体系和法律制度之外的殖民地。但对于长期自我封闭的大清帝国而言，租界又如“违章”打开的门户和窗口，西方的自然科学、社会科学就通过洞开的门户、窗口进入租界，影响全国。从某种意义上说，列强的入侵加速了中国封建制度的死亡，提前和加快了中国近代化的进程。

俯瞰浦东，黄浦江上百舸争流（摄影•姜曦）

夜晚人头攒动的外滩。图为南京东路与中山东一路交叉口，建筑物左为花旗银行，右为五星级的上海和平饭店（摄影•刘丰）

路名背后

1845年初建的英租界相当于今天的延安东路至北京东路的外滩，面积830亩。1848年英租界第一次扩张成功，范围相当于沿今天的黄浦江西岸、苏州河南岸、西藏中路、延安东路一圈，面积2820亩。1848年建立的美租界位于苏州河北岸的虹口，无明确界址，只称“沿江三里之地”。1863年，英、美租界正式合并，后称Foreign Settlement或British and American Settlement，但人们仍习惯把原英租界叫做“英租界”，苏州河北岸的租界叫做“美租界”或“虹口美租界”。1899年英、美租界扩张，改称“公共租界”（Shanghai International Settlement），总面积为33503亩，约合22.3平方公里。

英租界建立后即仿西方城市制度成立了“道路码头委员会”（Committee on Roads and Jetties），1854年遣散后重新组织Shanghai Municipal Council，直译应为“上海市政委员会”。但是汉语中没有与municipal相对应的词，人们认为该机构负责租界的规划、建设，与清朝中央六部中的“工局”相似，于是叫做“工部局”，是租界最高的领导机构，相当于租界的“市政府”。

由于规划在先，建设在后，所以英租界的城市道路纵横有序，犹如棋盘，与上海旧城里道路杂乱无章形成明显的反差，于是上海人把租界或租界的马路统称为“棋盘街”。最初，工部局只管道路的规划和建设，并没有地名的命名和管理制度，于是道路的取名任其自然，如该路近海关就被叫做Customs House Road（海关路，今汉口路），该路附近有教堂就被叫做Church Road（教堂路，今江西中路）。当租界的道路达到一定数量后，这种随意取名的方式给生活带来了麻烦，有的是一条马路就有几个不同的名称，或者两条马路使用一个路名。因此在1863年英、美租界合并后不久，工部局召开了一次租界路名重新规范命名的会议。

会议的麻烦是如用英国人的方式或人名、地名来命名道路，就会遭到美国人的反对；如用美国人的方式，又遭到英国人的否决。麦都思（Walter Henry Medhurst）是一位中国通，早在1835年就受英国基督教伦敦会的派遣来到中国，1843年底抵达上海，可谓进入上海最早的基督教传教士，也是1854年成立的工部局的第一届董事会成员。他提出了一个建议，就是根据上海租界道路的实际状况，建议在英租界内，凡南北向的纵路统一使用中国行政省名为路名，东西向的横路统一使用中国城市名为路名。此提议的另一作用就是“可以减轻中国人对租界和侨

咖啡馆内外。今天上海仍是中国最西化的城市（摄影·江浩）

民的排斥”；另外，虹口美租界已筑成的马路原则上使用上海周边的城镇名为路名。他的建议立即被通过。这批1863年命名的路名大多一直使用到现在，如以外滩向西的南北向马路为四川路、江西路、河南路、山东路、山西路、福建路、浙江路、湖北路、广西路、贵州路、云南路、西藏路，而从南京路向南的东西向横路依次为南京路、九江路、汉口路、福州路、广东路（旧时又分别称大马路、二马路、三马路、四马路、五马路），而向北则有天津路、宁波路、北京路、香港路等（南京路以北的路稍迟建设，旧时统称“后马路”，其中北京路又被叫做“后大马路”）。广东是省名，应该用于南北纵路的路名，而它却被用于东西横路上。实际上广东路的原英文名为Canton Road，由于近代以前的中国只开放广州一口开展对外贸易，外国人对中国的情况不甚熟悉，在英文中Canton是指广东的省府广州，而不是指广东省名，Canton Road本应为“广州路”，但近代以后，英文又把广州译作Kwang Chow，于是，后人误将Canton当做广东了。

外来的中国通

麦都思是一位“中国通”，受英国基督教伦敦会的派遣来华。清廷虽开放广州一口，但外国商人只能在限定的范围内活动，并禁止传教士进入广州，于是他只能在南洋的巴达维亚（今雅加达）的华侨中开展工作，还在那里创办印刷所，用中文排印《圣经》。1843年12月23日（距上海开埠日的1843年11月17日仅一个多月），他进入上海，在上海大东门租借民房创办了“仁济医院”（Chinese Hospital）和“墨海书馆”（London Missionary Society Press）。这是基督教在上海创办的第一家中国医院和出版印刷机构。当英租界建立后，他捷足先登圈进了位于租界

山东路街景。山东路上的仁济医院同“墨海书馆”一道，由“中国通”麦都思于 19 世纪中期创办，分别是上海最早的医院和印刷机构。这里后来成为上海报业的发源地。如今这条街早已没有往日的墨香（摄影•程国强）

山东路的一块土地，将仁济医院和墨海书馆等机构迁到这里。于是，今山东路的南段一带旧时叫做“麦家圈”（Medhurst Circle）。如今仁济医院仍在原址，它是上海乃至全国资格最老、名气响亮的医院之一。为了传播西方思想和文化，麦都思网罗了一大批传教士中的思想家、科学家和中国优秀的知识分子，著名者有伟烈亚力（Alexander Wylie）、艾约瑟（Joseph Edkins）、韦廉臣（Alexander-Williamson）、慕维廉（William Muirhead）、王韬、李善兰、蒋剑人、郭友松等，出版了一批介绍西方科学的著作，如伟烈亚力与李善兰合译的《几何原本》后九卷（前六卷已由明末利玛窦和上海人徐光启合译并刊印）、《代数学》、《代微数拾级》等，而王韬则成为近代中国最重要的报人之一。

从不少早期来华侨民的回忆录中可以读到，他们就是读了麦都思著的《中国》而爱上中国，爱上上海，并不远万里踏上去中国之路的。麦都思于1857年逝世，1860年后墨海书馆也就关门大吉了。

1850年8月3日，英国人奚安门（Henry Shearman）创办的英文报《北华捷报》（North China Herald）正式在上海创刊。该报于1951年3月31日终刊，连续发行100余年，是在中国创刊最早、发行时间最长的英文报纸。当墨海书馆关闭后，书馆的中文印刷设备就被字林洋行（North China Herald Office）收购，他们就利用这套中文排版、印刷设备和自己的新闻资源创办了中文报纸——《上海新报》，并聘美国基督教监理会传教士伍德（Marquis Lafayette Wood）、林乐知（YoungJohn Allen）任编辑。林乐知也是一位典型的“中国通”，《万国公报》的创始人和主编，宋庆龄之父宋嘉树来沪时即为林乐知的助手。可能是由于林乐知集中精力创办《教会新报》（《即万国公报》的前身），也可能受到新创办的《申报》的竞争冲击，《上海新报》于1872年12月31日终刊，而该报的中文印刷设备又被《申报》收购，为《申报》的发展起了很大的作用。

《申报》初名《申江新报》，其报名显然有与《上海新报》抗衡之义，由英国人美查（Frederick Major）、伍瓦德（L.Woodward）等集资1600两白银创办。1872年4月30日出创刊号，创刊告白称：凡国家之政治，风俗之变迁，中外交涉之要务，商贾贸易之利弊，与夫一切可惊可愕可喜之事，足以新人听闻者靡不毕载……

而这“告白”就是“中国通”美查亲自写的。与《上海新报》不一样，《申报》创刊时就将宗旨定为以时事为主的综合性报纸，为其发展打下基础。《申报》于1949年5月上海解放前夕终刊，连续发行77年，是旧中国影响最大的报纸，以至上海乃至全国报纸统称之为《申报纸》。

上海的山东路于1864年命名，南起延安东路，北至南京东路，长仅700米，但人们习惯上把福州路以南的那段叫做“麦家圈”，也许由于上海最早的近代化中文印刷厂、出版社——墨海书馆和《上海新报》社设在“麦家圈”的原因，使上海早期与出版、印刷的机构大多集中开设在“麦家圈”相近的地方，今天人们就把出版业、书店、杂志社、文化用品集中的福州路称之“文化馆”，其形成与这段历史有密切的关系。

1843年上海开埠后，进入上海的侨民就遇上了麻烦，即对在上海死亡的侨民遗体的处置问题。当时海上航行的是木帆船，上海至欧洲的单程航行通常为8个月，人们无法将遗体运往欧洲，于是只得就地埋葬，因而他们成立了一个“公墓公司”，在今山东路以西，九江路与汉口路之间买了一块约11亩的土地，建立了一个侨民公墓，叫做“Shantung Road Cemetery”，上海人叫做“山东路外国坟山”。中国人忌死人或坟地，所以不愿按规矩叫“山东路”，就像上海的西宝兴路有一个火葬场，“西宝兴路”在沪语中也是“火葬场”或“寻死”的代词，西宝兴路上的楼盘价也不高。上海把公共场所的逃生门叫做“太平门”，上海人也把近山东路外国坟山的这一段叫做“望平街”，即祈望平安之义。

望平街：喧嚣散去

■ 金满楼

一

山东中路：从福州路口至南京东路。这条长不过200米、宽仅10米的碎石铺面小马路就是老上海的望平街。

除申报馆仍保留原貌外，曾经的“报馆一条街”如今已是少有人知。100多年前，它曾是中国的“舰队街”（Fleet Street），后者位于英国伦敦，200年来一直是英国媒体的中心。

毗邻的福州路上倒是书香满地，我流连一番后顺道绕进了山东中路，在2012年一个春风沉醉的午后。昔日的望平街已是一条很普通的街道，两边房屋低矮陈旧，街上的水果摊、杂货铺、小饭店一家接着一家，当年鳞次栉比的报馆早已消失不见。

穿过狭窄的街道来到与汉口路交界的申报馆，这座落成时被称为“大厦”的5层旧楼依然矗立在当年的街角，但与身后的高层居民楼及对面的解放日报大厦相比，未免有些矮小破旧了。唯独让人眼前一亮的是，门楣上“申报馆”三个鎏金大字仍让人触摸到历史的余温——这家让整个上海报业为之骄傲的报馆，曾是近代最热的信息地标。

上海开埠后，英国商人奚安门于道光末年创办上海第一家报纸——英文周报

与望平街相交，被誉为文化街的上海四马路（即福州路）老照片（供图·范榕）

山东路街景（摄影·李丹）

《北华捷报》，当时设在汉口路上；1872年，英国人美查创办《申报》，报址选在望平街；1893年，中外合办的《新闻报》开设于汉口路；1904年，华人狄楚青在福州路、望平街口创办《时报》馆，由此形成上海报业的三足鼎立之势。

从外滩洋行的高楼俯视下去，“三大报”的地理布局实为三角关系：望平街与汉口路的十字路口，西侧《申报》馆，东侧《新闻报》馆；望平街与福州路的交界处，门楼成塔状的《时报》馆傲然耸立于三角之尖。由此，以《申报》为中心，望平街逐渐成为上海报业的集中地乃至中国的“舰队街”。

曾有《竹枝词》这样描绘：“集中消息望平街，报馆东西栉比排。近有几家营别业，迁从他处另悬牌。”望平街狭窄而短促，而清末民初正是报业大发展的时期，在无地容纳的情况下，一些新创立的报馆只好就近觅址，原本南北走向的报馆街由此向周边伸展。

广义而言，无论馆址是否设在这条街上，这些报馆都是属于望平街的。

遥想当年，每天晨光熹微时，一捆捆的散发着油墨香的新出报纸从各报馆中运出，数以百计的报贩、报童们麇集于此，他们或车拉、或肩扛、或手提，之后转发各处叫卖零售，其中一部分还要发到江苏、浙江等地。望平街上，报贩们办起了“派报行”，此举几乎垄断了所有报纸的发行，连办在法租界新开河的《大公报》，也不得不来此开设“代办部”。

今天的街道上，每到傍晚时分，路边的报摊上也会传来抑扬的叫卖声：“呀报啊，呀报……呀报啊，呀报……”上海话念“夜报”有些像“呀报”，而“夜报”指的其实是《新民晚报》，只是，与百年前人头攒动的热闹场面相比，这份叫卖不免有些单薄了。

二

辛亥革命期间，望平街上的报刊业出现了一个小高潮，短短两个月内，共有30多份新报创刊，这些报纸大大迎合了民众对各地革命信息的需求。如革命党人于右任等人之前所办的《民立报》，因报道的革命消息真实可靠，抢购时竟卖到每份1银元的高价；而柳亚子创办的《警报》因其印刷精美、内容充实而声誉极佳，销路甚广。

新闻学上有一种说法叫“魔弹”效应，即传播媒介如同加附魔力的子弹，其通过制造舆论而操纵民众。在动荡的特殊时期，新闻业更是具有不可抵抗的力量，其中最明显的是，当时刊登革命新闻的报纸都极受欢迎，“销路大增，售至绝市”，而“诋毁革命言论”乃至持平之说，即无人购阅。

黄炎培曾回忆说：“望平街左右相望的报馆，家家大玻璃窗外，张贴各地消息。街上群众挤得满满地在探听，一个捷报到来，鼓掌狂欢；一个报告失败，认为这家报馆受清廷指使，群众极度愤恨地把大玻璃窗打得粉碎。”马叙伦也说：“那时人民宁信《民立报》为宣传捏造的消息，而对于真实的如革命军失败的消息，就会打毁报馆的。”

打毁报馆之事并非虚构，冯国璋率北洋军攻破汉阳后，上海各报多保持缄默，而作风一向稳健的《申报》刊发了此条消息，结果部分愤怒的民众竟将《申报》馆外的玻璃橱窗砸碎，《申报》之后还不得不专门刊文“解释”，以平息事态。

革命让人精神激奋，各报馆也不失时机地推出各种《号外》，“报馆街”上人满为患，来此打听消息的人站满街头，挤挤攘攘，翘首等候最新战况。报贩们也

《解放日报》原是延安时期的中共中央机关报，创办于 1941 年，与新华社一道向外界发声。因内战于 1947 年 3 月 27 日终刊。1949 年于上海复刊，设社址于曾经的申报馆。现为中共上海市委机关报。图为解放日报大厦（摄影·程国强）

近代中国发行时间最久、影响最大的报纸《申报》的报社大楼，位于上海公共租界中区山东路（望平街）与汉口路的西南转角，现在的门牌号码是汉口路 309 号。1949 年 5 月 27 日《申报》停刊后，该楼转给解放日报社使用（摄影·程国强）

排起了长队，整条街被挤得水泄不通，小小望平街，一时间成了全上海乃至全中国的信息集散中心。

舆论的“魔弹”同样会误伤自己，《申报》曾报道:“近日官兵与革命军在北方开战以来，党军屡胜，人民闻此消息，竟至眉飞色舞；追闻官兵稍胜，便作垂头丧气。”此说虽反映了当时的人心向背，但新闻毕竟是新闻，真实是第一位的；反过来说，民众对负面信息的不容忍也说明了当时国民心理的不成熟。

曾经的信息地标，今日的信息化街道，不管是茶肆、书店还是咖啡馆，iPhone、微博、电子书，各种信息扑面而来，人们当然不再需要去站街等讯，也不至于因为厌恶某新闻而砸破人家的玻璃。但是，信息爆炸并不等于社会趋于理性，当下的民众能否承受负面信息，似乎仍需时间与实践的检验。

曾想去寻访百年前风光一时的《民立报》馆，但据说其旧址已成仓库，街面底楼则成了一家“外贸童装特价店”。其店员说:“我们从来没听说过这里是个报馆。”

辛亥年间，《民立报》销量一度直追《申报》，但其辉煌因革命而起，也因革命结束而衰。民国成立后，革命小报们大多停刊，与此同时，政治类报纸又大行其道，如《大共和日报》、《民强报》、《民声报》等等，如雨后春笋般地崛起于望平街一带。

曹聚仁曾说,“望平街这条短短的街道，整天都活跃着，四更向尽，东方未明，街头人影幢幢，都是贩报的人，男女老幼，不下数千人。一到《申》、《新》两报出版，那简直是一股洪流，掠过了望平街，向几条马路流去，此情此景，都在眼前。”“短短望平街，代表着西风吹动以来的中国文化，从这一街巷的浪潮上，体会着时代的脉搏。从启蒙运动以来，每一个和政治动向有关的人物，没有不在望平街上留下他们的足迹。”

二十世纪二三十年代，又有《立报》、《琼报》、《晶报》、《社会晚报》等多种小型报纸在望平街一带相继出版，“报馆街”上的热闹有增无减。曾有人这样描述这条报业的主干道:“黎明即起，到望平街上去看报纸潮，大约是4点钟过后，那一带已经人潮初动，慢慢涨起来。到了5点过后，便涨了满潮。那纵横半里地，人声嘈嘈，人影幢幢，可以说是水泄不通。沿着三马路外国坟山到四川路香港路一带，成千熟食档，同时活跃起来。直到午前9时左右，报潮稍退，熟食档也就闲淡下来。”

望平街早已趋于平淡，邻近的福州路却热闹了起来。曾在两条街交界处的时报馆早已不见踪影，倒是福州路上众多的书店复活了昔日的旧景致。人流如织的上海书城，终日虚掩着门户的外文书店，近日刚实行24小时通宵营业的大众书局，还有那些零星散布的笔庄纸铺，似乎仍在延续着昔日的文化遗风。

望平街的历史就是一部中国新闻史。1949年5月，《申报》停刊，《解放日报》在其大楼中创刊，望平街的文脉得以延续。2011年9月，在此守望了62年的《解放日报》、《新闻晨报》等迁至闵行区都市路，望平街的百年报业风流，告一段落。

与人来人往、拥挤不堪的南京路步行街相比，与之相连的山东中路，这条昔日的报馆街，曾经的喧嚣早已归于沉寂，旧日的辉煌化为了尘土。如今的街上，人们穿着拖鞋、提着菜篮，平淡、安静、闲适地走过。老旧而雅的申报馆还在，但推开那扇饱蘸历史的大门，一阵香味扑鼻而来。

这里已不是报馆，而叫“新旺茶餐厅”。

五台的光荣与梦想

■李　礼

> 米利坚合众国之为国，幅员万里，不设王侯之号，不循世袭之规，公器付之公论，创古今未有之局，一何奇也！
>
> ——徐继畬《瀛环志略》

小城香火

人口不过5万人的小县城，首先给人的突出印象是街上稀松的人流和一幢4层楼上的巨大招牌：五台县供销合作社。这个机构如今在中国绝大多数地方已经破产或不复存在。

从县城向东北方向走约60公里，就是拔地而起的五台山。它名扬四海，自唐代以来便是佛家香火旺地。直到今天，无数信佛和不信佛的访客仍源源不断地从各地慕名而来。为了发展这里的旅游经济，一条直接连接五台山的高速公路正在热火朝天地修建之中，届时北京等地的旅行者可以长驱直入，驾车驶入景区。

每天，五台山下的马路上车来人往，飞驰而过的人们忙着求拜和还愿，几乎很少人会注意到路途边上一个也叫“五台”的小城。虽然守着旅游热地，五台县至今仍是山西比较贫困的地区。和中国所有的县城相似，这里的房屋很少保存有旧式中国的民居，也无漂亮的现代建筑，更多的是一些不新不旧的数层矮楼，而楼房的首层几乎都被开发成各种商业和餐饮。

我们所在的五台宾馆，出门几十米就是一个店铺林立的十字路口，那里是县城最繁华的地方。就在这个路口向北50米，一个颇有来头的寺庙被掩藏在一群新旧杂陈的店铺中，如果人们没有发现几乎看起来是临时搭靠在墙角的一个牌子，就不可能注意到那上面的三个大字：广济寺。和一旁精致而明亮的锐步专卖店相比，这个寺庙简直就是一个被遗忘的历史角落。

徐继畬纪念馆和广济寺同处一院，除了他的画像，此处最重要的收藏大概就是各年代版本的《瀛环志略》。这本对中国历史有深远影响的地理书，也成为出使欧洲的中国官员的必备参考书之一（摄影•王牧）

华灯初上，五台宾馆边的十字路口是五台县城里最热闹的地方，不过除了一些等待商机的路边商贩，这里基本没有夜生活（摄影•王牧）

锦绣商场

而徐继畬就“寄存”在这个庙里。

从大门而入，需要经过一段堆满杂物的过道才能进入广济寺。赵广文从一个屋里出来，略感意外地迎接我们。赵既是此地文物研究所的所长，也是徐继畬纪念馆馆长，他参与纪念馆的创立、守护和研究工作超过20年。徐继畬是近代山西最具世界知名度的人物之一，他的影响力不来自其福建巡抚、同文馆大臣等显赫的政治生涯，而是那本1848年秋刊行的《瀛环志略》。这本地理书对中国历史的影响从美国汉学家费正清以后，日益得到重视。不过直到今天，徐继畬的价值在中国似乎仍没有得到相应的尊重。

在五台县有重大发现的是梁思成，其父亲梁启超在多年以前的一次重要人生际遇也与五台的徐继畬有关。在《三十自述》里，梁启超称自己途经上海，“购得《瀛环志略》读之，始知有五大洲各国”。这本书成了梁启超年轻时观察世界的一扇重要窗口。

徐继畬纪念馆内存放着各年代版本的《瀛环志略》，这本书自晚清总理衙门设置以来，就成为出使欧洲的中国官员的必备参考书之一（徐在书里以开放的姿态已不再使用“夷”字来称呼欧美国家）。这些人里包括1867年的斌椿，1876年的郭嵩焘，1890年的薛福成。他们皆被誉为近代中国“走向世界”的著名人物。中国第一位驻外外交官郭嵩焘在出使英国后，曾惊讶于徐氏的能力：徐先生未历西土，所言乃确实如是，且早吾辈二十余年，非深识远谋加人一等乎！

始建于元代的广济寺原规模宏大，因年久失修和“文革”破坏，现仅存大雄宝殿一座。这里没有僧人，只有几尊栩栩如生的佛家泥塑还保存着些许香火气息。广济寺大殿前的一个房屋被改造为徐继畬纪念馆，馆前杂草丛生，一尊古旧的清代火炮被置于门口。在纪念馆前的一侧摆放着各种徐氏用过的衙门器具。另外一侧则不知道为什么，存放着一个巨大的关狗铁笼。2010年6月10晚，当我们第一次来到这里的时候，群狗乱吠，甚嚣尘上。

“徐继畬出生后，五台山及其灵验的佛爷，依然每年吸引成千上万的蒙古信徒上山朝拜。尽管徐继畬的祖居这样临近佛教圣地，却丝毫不能减轻这位儒士对印度宗教的强烈的厌恶情绪。”徐继畬的权威研究者、美国人龙夫威这样写道。如今，徐的纪念馆被放在一个寺院内，如此紧密地与菩萨相伴，也许是他未曾想到的。二者最大的相同之处如今看来是一样的门前冷落。一个工作人员在我们到来后才拿来钥匙匆匆将门打开，而当我们离去时，纪念馆再次被锁上。门口几条狗依然凶狠的狂吠声告诉人们，这里已很久没见到人群了。

大概是五台山的名气太大，游客几乎很少去主景区之外的寺庙。除了寂寞的广济寺，五台县内孤立于台怀镇之外的南禅寺和佛光寺的命运也好不了太多，只有少数外来者愿意单独去那里参观，这些人群主要是历史和建筑的爱好者。1937年，梁思成在发现佛光寺后激动地说:“我们找到了唐朝的绘画、唐朝的书法、唐朝的雕塑和唐朝的建筑。个别地说，它们是稀世之珍，但加在一起它们就是独一无二的。”作为中国建筑艺术的高峰，唐代留存至今的木结构建筑只有四座，它们全部在山西境内，而五台县的这两所寺庙就名列其中。

大概是规模较小和缺少梁思成林徽因拜访的传奇故事，南禅寺比佛光寺更加落寞，以至于我们到来时发现空无一人的寺庙需请工作人员特意把门锁打开。这个小寺庙是中国现存最早的木构建筑，如同梁思成夫妇错过南禅寺一样，现在的游人也一再错过它。

朝元巷，徐立栋

东冶镇是五台县乃至忻州市的第一大镇，名称因古为冶炼铜铁之地而得。徐氏是这里最主要的大家族之一，徐继畬就出生于当地称为东街的地方。1851年，徐继畬因处理福州神光寺两名英国人入住问题，被降职回京，次年被削职回乡。他回到山西故乡的第一个计划是寻一个栖身之地，最后清贫的归乡者终于以勉强的财力在世代居住的东冶镇买下了一片土地，“乃得苫盖数椽为藏身之地”。

朝元巷的入口处，挂着一块斑驳落色的木牌子，上面“徐继畬故居筹建处”的字饱经风雨的模样仿佛已经历了几个时代。这里的人告诉我们，筹建处已筹建了10年以上，目前还是没有最终的着落，资金问题是最棘手的难题。朝元巷的命名来源于徐继畬朝考名列山西籍第一名，现在巷里的住户仍多为徐姓，大部分是徐氏后人。小巷里显然很少有外人来往，偶然的聚会是几户人家蹲坐在入口处“朝元”的题字下聊天。祖上的荣光如今已不再能庇荫后代平淡的生活。

朝元巷17号是个不大的院落，不过我们见到徐立栋仍是在跨过4个门槛后。几番院内的拐弯后，迎面而来的是一座精致玲珑却已明显失修的门楼，苍凉而颇具气势的主屋随后出现在眼前，这里就是为数不多的徐继畬慕名者在东冶寻觅的目的地。

事实上，徐继畬身前的家宅远比现在的17号院来得大，不过经过几番分割、改造后，如今只有这里的住屋才被称为故居，徐立栋则成为老宅的守望者。

目前故居里住着3户人家，徐立栋和自己的后辈。86岁的徐立栋神采奕奕，手脚利索，裤子和脚下的鞋子仍带有浓浓的旧式山西味道。这一切大概与其行伍出

朝元巷 17 号里，徐立栋成为徐继畬老宅的守望者。目前徐立栋和自己的后辈住在这里。86 岁的老人精神很好，衣着装扮仍带有浓浓的旧式山西味道（摄影·王牧）

身不无关系。老人告诉我们，他曾是阎锡山警卫团的一员，后来参加解放军后曾跟随志愿军到朝鲜打仗。不知哪个话题谈到了朝鲜战争的残酷，他似乎有点激动，在不太能听懂的五台话嘟囔中，我只听清了反复的几句:“都死了”、“都死了”……

总的来说，参观者很少，不过还是断断续续有些人找过来，其中包括美国人和日本人。美国人与徐继畬似乎一直颇有缘分，他们创办的《中国丛报》较早关注了在福建、广州从政的徐继畬。该刊在1843年报道了徐作为广东按察使抵达广州，这是英文出版的文献中第一次提及徐继畬。出版者裨治文似乎已经注意到，徐是一个对中国与西方人的关系看法有重大转变的务实官员。与徐接触过的西方人发现,“这位中国高级官员实在非同寻常。在他们心目中，徐继畬不仅光明磊落，公道正派，而且十分礼貌、友好”。

作为最先来华的美国传教士之一，雅裨理在厦门愉快地接受了徐继畬关于世界历史地理的各种询问，帮助他复制地名用中文标注的地图，并为自己遇到如此一位开明的中国官员而倍感兴奋:“他是我迄今见过的高级官员中最爱寻根究底的中国人。”在1844年的前2个月内，雅裨理两次拜会了徐继畬，虽然后者对宗教的冷淡令他失望，却无意中成为其扩大世界视野的得力助手，成为《瀛环志略》一书

东冶镇朝元巷内的住户多为徐姓，大部分是徐氏后人。巷子里很少有外人来，摄影师更是稀罕的访客。这个巷子的命名来源于这里出生的徐继畬朝考名列山西籍头名（摄影·王牧）

主要的消息来源。日后在书中，徐继畬至少6次提到了雅裨理，并在序言中坦承美国人的贡献。

1849年，道光二十九年，共10卷的《瀛环志略》终于成书，书得名于战国阴阳家邹衍所论“中国之外有大九州，有大瀛海环之”。这本内含42张地图、插图的地理图书不仅为彼时的中国知识精英打开了一扇通往中华文明之外的窗口，更罕见的是，该书对英国议会制等西方民主制度也进行了引介。日后梁启超在《中国近三百年学术史》中指出，“徐书纯叙地理，视魏书体裁较整。此两书在今日诚为刍狗，然中国士大夫稍有世界地理知识，实自此始”。

《瀛环志略》最出人意料的文字包括徐继畬对美国政治与华盛顿的赞赏，他用典型的中文笔法描写遥远的美国国父：“提三尺剑，开疆万里，乃不僭位号，不传子孙，而创为推举之法，几于天下为公，駸駸乎三代之遗意。”这在当时，是一次大胆而准确的判断。中国人近现代对美国人的肯定和好感几乎在此被定下了基调，历史学家熊月之称“徐继畬的华盛顿论在近代思想史上具有开创性的典范意义”。1853年，由美国传教士丁韪良推荐，徐继畬对华盛顿的评论被立石刻碑，送到美国镶嵌在华盛顿纪念塔内。如果今天前往美国，努力在1884年落成的华盛顿纪念塔的第十层观察，人们仍可以发现这几句话，其落款为“大清国浙江宁波府镌，耶稣教信辈立石，合众国传教士识”。

为此，美国第17任总统安德鲁·约翰逊制作了一幅斯图尔特的华盛顿画像的复制品送到中国。1867年10月21日，美中双方举行向徐继畬赠送华盛顿像仪式。对此，《纽约时报》还饶有兴趣地进行了报道。130年后，1998年6月29日的一个上午，美国总统克林顿在北京大学发表演讲时再次提到了徐继畬：“从我居住的华盛顿特区白宫的窗口向外眺望，我们第一任总统乔治·华盛顿的纪念碑俯视全城。那是一座高耸的方形尖塔。在这个庞大的纪念碑旁，有一块很小的石碑，上面刻着的碑文是：美国决不设置贵族和皇室头衔，也不建立世袭制度，国家事务由舆论公决，美国就是这样建立了一个从古至今史无前例的崭新政治体系，这是最奇妙的事物。这些话不是美国人写的，而是出自福建省巡抚徐继畬之手，并于1853年由中国政府刻成碑文，作为礼物送给美国。”

而日本人对《瀛环志略》的熟悉甚至超过了同时代的中国人，该书和魏源的《海国图志》一起，成为影响日本人近代世界地理观的主要参考。幕府末期的著名学者柳河春三在1861年出版的汉文本《横滨繁昌记》中，有“舶来书籍”一节，其中介绍的近刊汉文西书已经提到了《瀛环志略》。

不过，总的来说，美国人和日本人的来访属于极少发生的事情。在更正常的生活里，徐立栋几乎连参观的中国人都很少遇到。不过老人显然知道来访者的兴趣所在，他领着我们进屋。老房子内阴暗晦涩，日光似乎一下子被门死死隔离在外，陌生的访客如同一脚迈入了另外一个时空，伸手可触屋内百余年前的湿润气息。

徐立栋在老房子里为我们展示了家谱和名人题写的字画。屋内挂满四壁的各种政治人物和宗教画像令人眼花缭乱，局促的空间只为主人留下了一张大床和一台电视。电视不大，不过可以收到很多五花八门的节目。徐告诉我们，他最爱看的节目是战斗片，“打日本鬼子”那种。

大约三个小时后，我们准备告别这里。徐立栋出来送我们，走到院里的时候，他饶有兴趣地指着一个盖着铁条的地洞口介绍说，这是藏土豆用的。角落里堆砌的煤球，盆里满满的自种葱叶，显示了他的日子并不太宽裕。

徐立栋坚持送客人到门口，当我们走开一段距离，我回首看去，发现他还立在门口目送着客人离去。对80多岁的徐立栋来说，先人徐继畲也许是唯一能给他带来热闹的人，而在短暂的热闹之后，他还要回到那个老屋去打发有点寂寞的日子。

走出朝元巷，我们试图在东冶镇上寻觅一些其他的近代遗迹，镇政府的刘秘书对此表示为难，称那些东西基本都拆掉了。大概确实如此，这里是“山西省小城镇建设试点镇”，建筑工地随处可见。于是我们去寻找就在附近的另一个既定目标：槐荫学校。

槐荫村是东冶下属的一个颇有历史的村子，素以教育著称，1913年曾破天荒地建立了五台县第一座女子学堂。如果不刻意寻找，守在路边的小村庄非常容易擦肩而过，这里如今吸引外来者的唯一地方就是槐荫学校。

学校的兴建来自于本村的一位将军，赵承绶。依山而建的学校气势恢弘，设备完善，图书馆、实验室、文体设施相当齐全，成为当时山西甚至全国的一流学校。70多年过后，当我们进入现在的“槐荫中学”，院内雕梁画栋的中式老建筑依然令人眼前一亮。

在印有“乐在其中”标语的一座建筑前，我们推开了一扇腐朽歪斜的木门，弯腰钻入学校的旧式大礼堂。如今里面显然已成了废弃杂物的天堂，不过优雅如戏台一般的高台和年久失修的钢琴还是让人依稀可见其美丽的往昔。强烈的阳光从破败的窗口投射进来，迎着阳光望出去，可见宽阔的操场和无尽的远方。那些曾经坐在礼堂内的学子们，就是在如此环境中感受着青春的曼妙和家国的危亡。

拾阶而下走出学校，一眼可见校门口那面黑白墙壁，上面介绍了几位从这里走出的省部级官员，与很多当下的中国学校一样，财富和“级别”是遴选杰出校友最主要的指标。

有着高墙和地道的阎锡山故居如一座封闭的城堡。始建于 1913 年的故居，直到 1937 年才建成现在的规模。巨大的民国时代建筑如今在不太富裕的河边镇里显得非常突兀（摄影•王牧）

阎锡山的城堡

河边镇距离徐继畲故居很近，这里曾经属于五台县，不过现在属于定襄县。所以在阎锡山故居的导游那里，游客经常可以听到这样一句介绍：最后解放军攻克太原，是五台的徐向前击败了阎锡山。仿佛那一段历史的风云际会浓缩于这小小几十里的故乡之地。

1949年4月24日，解放军攻克太原，时任省政府代主席的梁化之自杀，宣告阎锡山38年之久的“山西王”生涯结束，阎将几代家族成员几乎全部带往台湾。

始建于1913年前后的阎锡山故居，直到1937年才建成现在的规模。巨大的民国时代建筑如今在不太富裕的河边镇里显得非常突兀。此处资源贫乏，这所故居无疑是最大的旅游资源，不过如何在大做推广的同时，又符合这个“负面人物”的历史地位是个令人头疼的问题。事实上，尽管此处距离五台山很近，工作人员称各级领导到此处参观的人很少。不过，这个问题似乎被当地很好地解决了：一方面，故居的一部分被冠以民俗博物馆；另一方面，这里被定位成“旧中国官僚最大的私人官邸”。

耗银140万两，拥有30座庭院、800余间房屋的建筑群之所以主体能被保存至今，据说主要是解放后这里住着军队和作为精神病院使用。

普通游客显然对阎锡山颇有兴趣，这里是我们此行几处遇到游客最多的地方。巧合的是，带领我们参观的本地女孩也姓阎，不知道是否是为了配合民国的建筑气质，她身着一身淡雅的旗袍，对此最感兴趣的无疑是我们的摄影记者。

阎的故居如同一处庞大的历史时空场，中国近代以来众多人物在这里穿梭往来。孙中山1911年为阎锡山题写的“博爱”两字被置于院内入口最显赫的位置，显示了这位历史人物在历史上有着复杂的经历和思想。1905年10月，留学日本军校的阎锡山加入同盟会，他曾会见孙中山并参与制订了同盟会的“南响北应”的战略，即“南部各省起义时，须在晋省遥应”。从此，阎锡山登上了政治舞台，其政治资本首先就来自孙中山。

蒋介石、冯玉祥、朱德与阎的交往也被蜡像栩栩如生地表现了出来。蒋介石、冯玉祥都曾光临这里，并与阎锡山的父亲有所交往。曾颁布《人民须知》和《家庭须知》，宣扬儒家伦理道德的阎锡山是个地道的孝子，同盟者和敌手们试图通过其父来影响这位地方实力派，为自己在风云诡谲的中国近代政治舞台上添加重要的砝码。

抗日战争爆发后，因中原大战下野的阎锡山以高价收买机师，在1931年8月5日乘飞机潜回大同，随即转赴家乡河边村“隐居”，随后从这里东山再起，出任第二战区司令长官。而由红军改编而来的朱德统帅的第18集团军，正是这个战区下辖的军队之一。

当地的导游称，阎锡山在当地口碑不错，其一是因阎待下人厚道；其二是他的“六政”、“三事”等功绩。前者为1917年10月发表的“六政宣言”，即推行水利、蚕桑、植树与禁烟、天足、剪发（男人剪辫子），后者为种棉、造林、畜牧。在阎锡山的治下，山西曾维持了一段时间的和平与安定，一度有“模范省”之誉，曾吸引了河南、山东、河北等大量灾民涌入。“山西王”的部分政绩在故居的生平展览中得到承认。

距离河边镇不远的前辈徐继畲显然也影响了阎锡山，他在光复山西向全国的通电中曾自豪地说，早年“窃读乡先正《瀛环志略》书”。此后，他支持将徐继畲的著作精华汇编为《松龛先生全集》。

短暂的逗留以登临最高处的一次俯瞰而结束。从这里望下去，有着高墙和地道的旧式故居确实如一座封闭的城堡，抬眼穿过院墙，一处名为“百川”的路边饭馆显得十分突出，大概只有这个字号还能让为数不多的旅游者突然想起，这里曾经是阎锡山的地盘。

任复兴

当中国大学恢复研究生招生时，著名历史学家、华东师范大学陈旭麓教授曾在考卷上出了一个关于《瀛环志略》的题目，据说大部分考生不知其为何物。而此

徐继畬研究专家任复兴，1990 年他翻译了费正清弟子历尽十载写成的《徐畲继及其〈瀛环志略〉》一书，该书被认为是关于徐继畬和《瀛环志略》研究的经典之作（摄影·王牧）

徐氏宗祠内众多的杰出人物画像，让每一个参观者立刻感觉到这个家族在过去100 多年里的辉煌（摄影·王牧）

时，大洋彼岸的一个美国人却历尽十载，写成了《徐继畬及其〈瀛环志略〉》一书。他就是龙夫威——费正清的第三位聚焦于徐继畬的研究生，此项研究使他获得了哈佛大学历史学和东亚语言学博士。1975年出版的这部论著，是他与繁体汉字斗争的结果。这本引用近200种资料的著作虽字数不多，却被认为是迄今为止最经典的关于徐继畬和《瀛环志略》研究的著作。

而15年后把这部著作引入中国的正是任复兴，他是《忻州日报》记者。现在他的身份又多了一个：徐继畬研究会会长。那次翻译出版得到了当地驻军、煤炭产销单位的支持。

2010年6月，我们在结束五台县之行后的一个下午，在太原文化宫的一个画室里见到了任复兴，这个名人画室是他每个周末呆的地方，这里主要经营当代著名画家董寿平的作品。任是董寿平的传记作者，他在这位山西籍画家生前曾做了近百小时访问录音。

当然，即使是在小小的画室里，最多的东西还是围绕徐继畬的各种书籍。

任复兴说话略带山西口音，面色和蔼，颇有中国旧式文人的从容和内敛，在一堆各种古书的桌子背后，他一边翻书一边谈着自己的写作计划。任复兴的计划是为徐继畬和其父亲徐润第分别写一部传记。他认为前者在《瀛环志略》中体现出的卓越洞察力，主要得自其父亲——心学家徐润第的《敦艮斋遗书》；后者为清乾隆六十年进士，如果没有其子的成就，很多人根本不知道他的存在。

虽然以研究徐继畬著称，不过任复兴的研究视野其实相当开阔，这位山西知识分子通过徐继畬打开了历史之门，正在努力实现着自己更大的文化抱负。

梁启超的茶坑村

■李 翔

苟有新民，何患无新制度，无新政府，无新国家？非尔者，则虽今日变一法，明日易一人，东涂西抹，学步效颦，吾未见其能济也。

——梁启超《新民说》

新会县城

他接过钱，拿在左手，摘下右手的黑色皮革手套，将钱从左手交到右手，凑到眼睛前看了看。接下来，他重新把钱交回左手，右手则伸向嘴边，蘸一些唾沫，将唾沫抹到这张红色的百元面额人民币上，拇指、食指和中指用力地搓了搓，再将钱对准太阳，用眼睛去看那在阳光下清晰显示出来的毛泽东头像。他想确保这张钱是真的。

当然是真的。不到10个小时之前，我在广州的自动提款机上将钱取出来。它是它们中的一张。

我把深红色的摩托车头盔拿在手里，耐心看着他用自己的方法检验钱的真假。在返回新会县城的路上，他突然提出要我先付钱给他，因为，他的摩托车没有证件，这些复杂的证件可能包括：驾驶执照、缴纳养路费的证明以及年检证明。

他狡黠地看了我一眼，拉开上衣拉链，掏出钱包，把钱放进去，夹子里都是100和50面额的人民币。然后，他放回钱包，把手在衣服内摸索了一阵，又掏出一沓小面额的人民币，从中找给我40元钱。

“我们讲好了，50元的！”我微笑着对他说。“可是，我还等了你这么久！”他回答我，看了看我不太坚定的眼神，觉得有些过意不去，又从那沓钱中抽出了5元钱。

“快走啦，还要赶路呢！头盔带好，不戴头盔，被警察抓住，要罚200元钱。”他催促我赶紧坐上他的摩托车。50分钟后，我乘坐的返回广州的大巴就要出发。

我是在新会县城汽车站门口碰到他的。他的珠江牌摩托车停在一边，而他则面带讨好表情，同每一位走出汽车站的人搭讪。

茶坑村一景（摄影·邝锦琼）

我一定是表情迷茫而且焦急。中午从广州坐大巴到新会后，我顺便在车站购买了返程的大巴车票。我要精确地计算好时间，我一定要在5点之前返回广州，然后乘出租车到白云机场。没有时间的人往往没得选择。当他跟我搭讪时，我随口问了一句："你知道梁启超故居吗？离这里远吗？我要在两个小时内赶回这里。"

"当然知道。你跟我来吧。"他不由分说把我带到那辆红黑色的摩托车前。10年前，当他结婚时，这辆价格昂贵的摩托车是作为对新婚的奖赏而购买的。如今它显得有些老迈而疲惫，矮矮地斜倚在支架上。

"多少钱？"

他伸出一个巴掌，手指直愣愣地张开。

"5元？"

他不置可否，嘴里说了一个我听不懂的量词。

"50元？"

他还是不置可否，重复了那个我听不懂的量词，然后说："先走再说吧。"

我有些疑虑，但还是接过他递给我的头盔，戴在头上。头盔的系带有些松弛，摩托车开起来时，我要用一只手拉着帽檐，以此来保证它不被风或者空气阻力掀翻到路上。

路上经过新会的工业区，里面第一家企业是ABB在当地的工厂。尽管它距离经济繁荣的广州不到两个小时的车程，距离珠海甚至更近，但是这个城市的经济并不繁荣。每5个人中，就有一个人出去打工。留在当地的大部分工薪族每个月的工资在1000~2000元之间。在新会最好的地段，房价可以达到2800元每平方米。

没有出去打工的人想着法子去寻找自己的第二职业，比如，像这位摩的司机一样到长途汽车站门口去碰运气。他有一个上小学的女儿，他很自豪自己有生男

茶坑村古老而狭窄的胡同（摄影·邝锦琼）

梁启超故居（摄影•邝锦琼）

广东新会的梁启超塑像（摄影•邝锦琼）

生女都一样的思想。因为总是在外面奔跑，身上的衣服总是深色调的。同时，要掌握跟人搭腔的各种技能，还要学会向游客介绍新会的风土人情。比如，梁启超是新会的名人，去往梁启超故居的途中，我们会经过一颗巨大的榕树——那是作家巴金笔下的“小鸟天堂”。他向我介绍梁启超时，颇为自得地说：梁启超是一位留洋归来的博士；他们家是茶坑村的首富。很明显，前一种说法是错误的，而后一种说法则待考。

但这实在符合人们的思维习惯。在那个年代，名流们都是从西方归来，喝过洋墨水的博士，梳着整齐的分头（而不是留辫子），穿着笔挺的西服（而不是长袍），更有可能还戴着一副眼镜，年纪轻轻就博取了极高的知名度，不但被向往西方的青年们所崇敬，即使是政府，也要对他们礼让三分。这种精英形象最典型的应该是梁启超的学生徐志摩和后辈胡适之了。这里错误的关键在于，梁启超比这种精英形象的典型代表要早上一辈人。在他的时代，从西方归来的人们必须抗争才能得到最基本的承认，而且，这种承认还不是主流知识分子范围内的。

从新会县城到梁启超的家——茶坑村，摩托车走了将近40分钟。在一片民居之中，有一栋清时风格的小楼，即是梁启超出生和长到青年时的住宅。现已被改建为旅游地。在清代建筑的旁边，又建起来一栋颇为时髦的别墅建筑，房前还有一汪浅水，水上搭起石头长廊，要穿过长廊才能走进屋内。院子里则矗立着短发梁启超的石雕，比真人略高。

在前往广州跟随康有为学习之前，梁启超同他的家人都住在这里。他的居室狭小而黑暗。而梁启超结婚之后，还携带妻子返回到这栋住宅，住过一段时间。空间不大、采光不好的房间同他晚年在天津的住宅饮冰室相比，简直无法相提并论。

一栋栋楼立在一片绿树中，当地人热心地解释，之前没有空调和电视，人们用这树的叶子做成蒲扇。这树，名叫葵树，因此新会也有个名字，叫葵乡。

新会县志记载，新会气候一年中有一半的天气像夏天，从不下雪，冬天树木仍然绿如春夏。夏天和秋天则是飓风发作的季节，频繁的时候一年就会刮一次台风。在中国南方，这种气候并不少见。

新会近海傍山，但是同现在中国人的习惯思维相反，直至今日，新会人中仍然很少有商人——从1978年之后，中国人习惯性地认为，南方总是盛产巨商大贾，中国的广东和浙江都以它们的富庶著称；而在梁启超的时代和这个时代之前，南方则是盛产文人学士的。尽管出于贸易的需要，在广州出现了著名的十三行，它的领袖伍浩官则是他所处的时代，全世界最富有的人之一。

从新会到广州，如果乘坐大巴，需要两个小时的车程。车从一群山中间穿过，经过佛山，然后抵达广州。在没有高速公路的时代，我们需要想象，那些要到广州去参加科举考试或者去广州的书院读书的年轻人，如何才能走完这一段路程？这些身后拖着辫子的年轻人中，当然也包括梁启超。

广州：1836~1871

在梁启超出生之前的很长一段时间内，广州就已经成为大清帝国的麻烦之源——至少，大部分的麻烦都是从那里开始，然后，顺着航运路线一直北上，经过一连串的港口和炮台，抵达直隶省，抵达处在北京东南角的紫禁城。

无法想象洋人们能够从何处知道，在广州附近存在一个名叫新会的小城。在鸦片战争之前，他们的行动被严格地限制在一定区域内。洋人依靠步行就可以测量出他们居住范围的大小：从居住地的东面走到西面是270步，而从北到南则根本用不了这么多步数。

他们只能身处广州城外，他们的住所被天朝圈定在西南角约两百码的河边。从那里，可以望得见广州城的城墙。如果想要进一步窥视那些黄皮肤的中国人的举动，他们可以爬上自己所租住的房屋的屋顶，那样，目光可以越过城墙，看到广州城内布满行人的街道和街道两侧的住宅。

1836年的时候，在这里居住着307名洋人，他们主要由英国人和美国人组成，另外还有少量印度人、荷兰人、葡萄牙人、普鲁士人、法国人和丹麦人。

令这300多人更为气愤的或许不是活动范围的狭窄，而是中国政府不允许他们的妻子跟他们一同居住。这307人中已经结婚的那24个人，必须把他们的妻子留在澳门，而当时从广州到澳门，两地交通所依靠的舢板需要三天时间。

毫无疑问，只有金钱上的补偿才能弥补他们所受的这种屈辱。鸦片贸易已经开始证明这是一项赚钱的生意，如果你找到买主，并且买主正急需你的货物，那么几分钟之内你就可以赚到2000美元。

他们的主要交易对象是在13排建筑物中的中国商人。这些商人从政府那里取得了同洋人做生意的垄断特权，他们中几乎每个人都同当地政府关系良好。在他们中间诞生了一大批富豪，比如伍浩官，据说他依靠垄断贸易所赚得的财富，足以让他跻身世界级富豪之中。

英国商人最终失望地发现，自己横扫欧洲的纺织品在中国并不受欢迎，而英国人民却迷恋上了来自东方国度的丝绸、瓷器和茶叶。他们所能找出的唯一受中国人欢迎的商品，说来可笑，是鸦片。而鸦片本身在大不列颠帝国国内，属于被诅咒的违禁药品。

在广州和北京，帝国的官员们在道光皇帝面前展开了激烈的争论，争论的议题是如何对待鸦片贸易问题，以及鸦片贸易是否应当被视为合法。最后，强硬的林则徐在1839年被派遣到广州，这表明了帝国的态度。

鸦片的威胁已经让从民间到政府的高层开始感到不安，林则徐鲜明的禁烟态度和他对自己态度的坚定实践，让来自远方的商人们感到绝望。在英国议会内部经过了同样激烈的争论之后，议会决定对中国宣战。道德的高贵在白银的耀眼下，光芒渐渐消退。

在从1840年开始，历时两年多的鸦片战争中，大清帝国调动了10多万军队，先后有一名总督（裕谦）、两名提督（关天培、陈化成）、7名总兵、2名都统以及数千名士兵死于战争，而英国远征军却只有不到100人在战争中死亡。

1861年2月，第二次鸦片战争结束没有多久，正当清帝国在为应付自己国内一次令人规模宏大的动乱——太平天国而头疼不已时，几位美国人游览了围城被撕裂之后的广州城。他们的游记被发表在这年2月22日的《纽约时报》上。这些美国人对这座城市做了一些有趣的观察："这些（防御）工事的后部没有设防。设想英国

清军弓箭手

北京八达岭长城（约 1876 年）

佬从山背后登陆，爬上山顶，居高临下，发挥攻击火力，那么，这些碉堡就毫无价值了。这一点的确让清国佬伤脑筋。他们很天真地说，如果这样交战就太不公平了。在此，我最好还是说明一下，直到最近的这次战争，清国人从未预料到英国海军能够让一支地面作战部队登陆，他们以为英国人接受的战斗训练完全是水面作战，而只是雇佣法国人在岸上作战。"

1871年，在梁启超出生的两年之前，另外一些美国人游览了广州城。令他们印象深刻的是广州城内的大烟馆，"在这里看到10~12个各种各样年龄的男人在喷云吐雾。他们的样子看上去相当龌龊，尤其是他们那种邪恶和令人厌恶的表情，真有一种力量促使你不止一次想赶紧退回到大门口去……他们所有人都似乎在尽力于从他们所置身的客观存在中消失，忘却这人世上他们所无法忍受的烦恼和忧伤"。

广州发达的商业和制造业同样让人印象深刻，"到最后我们不由得感到奇怪，即西方原材料工艺的发展进步究竟是如何超过东方的。论及木雕的做工和精致程度，它们与比利时古老大教堂中的不差分毫，要知道，那些大教堂正是在这方面具有非凡气质的。胸针、戒指、手镯、项链以及对其他一些小装饰品的上釉技术更向我们展示了这样一种艺术高度，即它超过了欧洲皇家宫廷内所有同类装饰品所能达到的最高水平"。

西方人自由地游览着这座开放了的城池，并且对之评头论足。一位传教士写道："大炮在天朝呼啸，城市在征服者面前一座一座陷落"，"一次我信步走到一个城门口，城墙上似乎永恒地写着'洋人莫入'，我是一个洋人，又是一个传教士，我看到了城墙上写的那句话，可是我不顾一切在场中国人的惊诧，闯进了城门。时候已经到了，我们已经沉默到了今天，现在是可以到中国城市的大街上，提高我们的嗓门大喊大叫的日子了。”

而且不仅仅如此，围城的各个方面都在被撕裂。“堡垒都是从内部攻克的”，它来自于内部的变更更让人惊心动魄。

修补或拆除围墙的人

内部的叛乱中，最著名的是太平天国运动。它由来自广西的落榜举人洪秀全凭借上帝的名义发动。它被证明是清王朝历史上规模最大的叛乱。后来的历史学家们在反复争论这次叛乱的性质：它是一场伟大的农民起义，还是残忍的动乱，就像中国以往历史上曾经无数次发生过的那样，它可能带来王朝的更替和历史的循环；再或者，它是一场宗教运动——华裔历史学家唐德刚在他的著作《晚清七十年》中坚持这种观点。

但有一点是可以肯定的：叛乱极大地撼动了清工朝。1865年山版的《皇家亚洲学会北中国分会》杂志上，一位外部观察者金斯密描述这次造反，称它“甚至改变了这个国家的面貌：交通破坏，河流改道，海防毁坏。在起义持续期间，肥沃的土地变成了荒凉的原野，设防的城市变成了倾毁的废墟，江南以及江西、浙江的平原上铺满了白骨，河流上漂浮着尸体，来自山里的野兽在平地上自由地闯荡，并在城镇的废墟上造窝，野雉在往日繁忙嘈杂的集镇上啼叫，田地无人耕种，杂草覆盖着曾经辛勤耕耘过的田地”。

而太平天国曾经的首都，被称为“天京”的南京，《北华捷报》描述它已经被毁灭：“这个靶子的城市像浓密的丛林，而不像一座城市。屋舍已被铲平。它成为野生动物的极好的栖身所，或许能够吸引猎手们，但却没人认为它是一座城市。”

从古炮台望崖门大桥（摄影·邝锦琼）

怡堂书室——为梁启超少年读书之所（摄影·邝锦琼）

但是令人遗憾的是，洪秀全和他领导的运动带给整个中国的，只有政治和社会层面的动荡，而并没有更深层次的秩序变革。

1862~1874年，按照富有才华而早逝的历史学家芮玛丽的划分，是清王朝定义的"同治中兴"时期，它是"中国保守主义的最后抵抗"。中兴重臣们试图重新建立起儒家思想所一贯要求的社会秩序，无论从整个文官制度、兵役制度和经济制度，还是个人的礼仪训练。比如，曾国藩在他的日记中就儿媳的行为举止，为自己的儿子出谋划策，提出要求：新媳妇必须早起做饭，空闲时间从事纺织，决不能使她认为，由于自己出身名门望族，就可以不参加生产劳动。

有理由相信，这个国家和这个政府正在变得健康。来自法国的军事顾问日意格在1872年写道："中国正在迅速成为一个令人生畏的对手；整个官僚阶级都决心恢复中国的国际地位；兵工厂和造船厂的产量给人以深刻的印象；中国建造的军舰不久将达到欧洲的最高水平；中国的军事力量与1860年时的情况相比有了很大的不同。"所处的大变革年代让这个国家的前景变得模糊，对于无法翻看历史底牌的预言家而言，这真是一个危险的年代。

在日意格做出如此乐观的判断之后一年，梁启超诞生。梁启超和他的老师康有为，随后真正意义上使这个国家的内部变革有了可能，尽管这种可能性以失败告终，但它进行了一次略有成效的尝试。而这次尝试之所以出现，正是因为内部重建旧秩序的努力，终究难以抵抗来自于外部的冲击：在1884~1885年的中法战争和1894~1895年的中日战争中，中国投入的武器和兵力都比法国和日本多。

变革需要新的主角，由他们来修补已经破裂的围墙，或者，干脆拆除围墙。

小站春秋

■ 何玉新

> 操法灵熟，步伐整齐，旗帖之鲜明，号衣之整洁，莫不楚楚可观。
>
> ——英国驻华海军司令官贝思福

小站人

说早在19世纪末，欧美各国编印的世界地图册上便已有明确标注："天津小站，东经117度27分，北纬38度56分。"

从天津市区坐上开往小站的长途公交车，出外环线后向东南方向一路前行，公路两边基本上已被地产商的楼盘项目占领。过去，这里曾是一片片农田和村庄，而今郊区和城市间的分界线已经不那么清晰了。

司机开得飞快，长途车的终点站是大港生活区。小站的位置，介于天津市区和大港中间。这里原为退海之地，明代是隶属盐场管辖的草荡，《沧县志》称其为"下污"。清同治九年（1870年），天津教案火烧望海楼，英、法、美三国兵舰集结大沽口，李鸿章接替崇厚任直隶总督，次年，其亲军营——淮军周盛传部盛字军9000人调往天津，驻扎于马厂。为加强海防，盛字军在新城（今属塘沽）修筑炮

小站练兵园入口，迎面可见由袁世凯题写匾额的“讲武堂”仿古建筑（摄影•何玉新）

台，并在马厂和新城之间修通了长约70公里的“马新大道”，沿途设立大小15个驿站。光绪元年（1875年），盛字军由马厂移防大沽以西涝水套附近第五驿站，军士们习惯称之为小站。

1895年，袁世凯小站练兵，这个中国军事改革的新动向吸引了西方军事专家、外交官和媒体相继来到这里观摩或采访，小站这个地名由此名扬中外。110年后的2005年，位于营盘原址的“小站练兵园”仿古建筑群落成，周边开始开发旅游产业。这个在中国近代史上著名的兵镇，其历史气韵也在慢慢恢复。

小站距市区26公里的路程转眼即到。在司机的报站声中下车，路边的肯德基和华润万家超市，标志着这座小镇悄然进入了城市化的快车道。对面路口处，左右两侧各有三座高大立柱，每个立柱上端都雕刻着斗大的“兵”的篆字。

立柱形成了一座虚拟大门，小站练兵园就在路的尽头。

当年，袁世凯初到小站便在此成立了“新建陆军督练处”，并自任督练官，下设行营中军、参谋营务处、督操营务处、稽查营务处、执法营务处、教习处、粮饷局、军械局、军医局，并称九大处。如今，这一区域被复建为九大处四合院和福街商业广场。商业广场所在地过去是专为新军官兵提供便利的行营买卖街。

据当地老人回忆，行营买卖街是沿马厂减河而设的东西街，两端各有一座城门楼，南北两厢共开6个坊门，西门外有一个牌楼，上写“兴隆集市”四个大字。镇街虽小，却亦仿京都之制，很有气派。而今，九大处四合院成了酒店旅游区，行营买卖街则变成了由旅游纪念品商店、小超市、饭馆、酒吧KTV组成的商业街区。

“原先这块地方叫幸福村，前几年政府搞示范小城镇，用宅基地换房，原来的村民现在都搬进小站新城。”商业广场一家小超市的老板孙明辉说道。也许是因为游客太少，好不容易遇到陌生人，孙明辉便滔滔不绝，说个不停。

他是天津市区人，自己在网上做生意。前几年看到小站建练兵园旅游区开发商业街，觉得这里空气新鲜、水质又好，就过来投资买了房子。网上的生意继续做，开家小超市只为方便游客，打发寂寞。

小站建镇的历史不足150年，而孙明辉这一批“新小站人”已算是这里的第三代移民了。当年盛字军驻扎小站，周边聚集了第一批随军经营生活日用品的生意人；之后盛字军开垦农田种植水稻，村民形成自然聚落；到90年代，小镇上的年轻人或外出闯世界，或进工厂当工人离开家乡。前些年天津市进行示范小城镇建设试点，小站建起商品房，像孙明辉这样的市里或外地人，纷纷来到小站投资买房，成为小站的新一代。

没事儿的时候孙明辉喜欢在练兵园附近转悠。不久前，他偶遇一位当地的百岁老人，老人告诉他，自己小的时候这里还是军营，他虽没见过袁世凯，但亲眼见过士兵在这儿操练。练兵园所在的位置，正是袁世凯当年小站练兵时寓所——督练行辕以及学兵营驻地。多年后，这里被改为小站粮库。

北洋兵

练兵园中心区是一个小广场，几辆电动三轮车在广场边坐等生意，游客不多，车主们也落得清闲。广场后面是一条护城河，护城河内就是这一区域的中心——城池般的小站练兵园。

从南面的正门进入练兵园，迎面宫殿式的“讲武堂”大门敞开，里面漫不经心地摆放了几排仿古但崭新的桌椅。讲武堂两侧各有三座新建的平房，这几所平

1895年，袁世凯在小站成立“新建陆军督练处”，自任督练官，下设行营中军等九大处。2005年位于营盘原址的“小站练兵园”仿古建筑群落成，周边已开发旅游产业。图为练兵园内的“器械”复制品（摄影·何玉新）

房显然是仿造过去的士兵宿舍所建，不过如今它们大多用来堆放杂物。由城墙围起来的、目测有四五个足球场大小的空场，就是当年诞生了中国第一支近代陆军——新建陆军的练兵场，当年参与练兵的元老后来构成了中国近代史上著名的"北洋派"政治、军事集团，操纵了自辛亥革命之后中国近代史上一系列重要事件。

清朝军队大致经历了三个发展时期：一是前期的八旗兵和绿营兵；二是伴随镇压太平天国等农民起义而发展起来的湘军和淮军；三是清朝末年袁世凯、张之洞等人为抗击外强以西法训练的新军。

甲午海战后期，广西按察使胡橘奉命在天津马厂募练十营洋枪队共4700余人，这支军队以原淮军、练军军官及熟悉西方兵制的武备学堂学生组成，武器装备均按西法购备，称定武军。半年后，即1895年10月，定武军移驻小站，聘请德国教习仿效西法操练。

1895年12月，袁世凯上书朝廷，建议"研究西法，另改军制"，他早年在淮军带过兵，对旧军队的风气和战斗力比较了解，认为湘、淮旧军远远不能适应现代化战争，必须改革军制。他的观点得到了各亲王、军机大臣的力挺。随后，袁世凯被委任到天津小站接管定武军，在此基础上创办新建陆军。

练兵先募兵。新军的招募士兵需是土著良民，18岁以上、25岁以下，身长4尺8寸以上，力量要求平托100斤以上，步行每小时20里以外，吸食洋烟者不收，素不安分、犯有事案者不收，体质多病有眼疾者不收。这支新军基本上采用德国陆军建制，作战部队有官兵7400人，长夫、官佐3852人，总计11302人。新军一军分左右两翼，每翼分步、炮、马、工程各兵种。军队统一装备有外国购进的步枪、马枪、快炮，军官一律佩带六响左轮手枪和佩刀。

究竟是什么原因让这支军队所向披靡叱咤北洋？小站练兵园展览馆展出了几组当年新兵训练的照片似乎可以说明一二。照片中，新兵虽已更换了西洋式的军装军帽，但披散的辫子仍能看出清时的印记。照片记录了新军当时小站练兵的场景——整齐划一的队列体操动作，器械训练糅杂了中国功夫的高难动作，搏击对练时的优雅与力量……而据史料记载，新军教育训练内容分为学科与术科两大类，学科包括战略学、战法学、军制学、筑城学、军器学、经理学等，术科包括操场和野外训练的操术、战术等科目。如今，新建练兵场的角落里，仍有根据照片仿制的吊环、阶梯障碍等训练器械，历史与现实在此对话，小站练兵的场面恍然浮现，颇堪玩味。

《新建陆军兵略录存》、《训练操法详晰图说》等小站练兵时的文献资料也在展出之列。小站练兵期间，袁世凯指派徐世昌、段祺瑞等人编撰讲义，其中关于军事训练和军事技术的主要内容包括战法、战规、行军、攻守、驻扎，以及步、炮、马、工程各队的操法、阵法。书中有细致插图，即使不大识字的士兵也能依照图画进行操练。这些讲义图说日后又成为全国军队的纲领性训练教材。

除了训练认真刻苦，袁世凯的这支军队也极为强调军纪，《劝兵歌》的歌词佐证了历史："一要用心学操练，学了本事好立功；二要打仗真奋勇，命该不死自然生；三要好心待百姓，粮饷全靠他们耕；四莫奸淫人妇女，哪个不是父母生；五莫见财生歹念，强盗终究有报应；六要敬重朝廷官，越分违令罪不轻；七戒赌博吃大烟，官长查出当重刑……"

当时，英、俄、日、德等国驻天津的外交官和记者们不断前往小站观操，英国驻华海军司令官贝思福观摩练兵之后，特别发表文章盛赞新建陆军"操法灵熟，步伐整齐，旗帖之鲜明，号衣之整洁，莫不楚楚可观"。由康有为代拟的徐致

1903 年 5 月 14 日中英军事官员合影于保定府。前排（坐）左起：保定府的臬台，藩台，英军高官，两江总督张之洞，户部右侍郎、练兵大臣铁良，直隶总督、北洋大臣袁世凯

小站练兵老照片

❶

❷

❶ 1909 年法国画报 *Le Petit Journal* 刊登的袁世凯小站练兵的场景绘画

❷ 伦敦《新闻画报》刊登袁世凯的新军情况

靖《密保练兵大员疏》奏折中也提到："新建陆军之练洋操也，精选将弁，严定饷额、赏罚至公，号令严肃，一举足则万足齐发，一举枪则万枪同声。行若奔涛，立如植木……"

1896年至1897年，在袁世凯的指挥下，新建陆军在灰堆、双港、白塘口、葛沽、新城一带进行了第一次大规模野外行军战演练。这次演习采取步、炮、骑兵综合演练的方式，目的是检验部队在行进中合成与连续作战的能力。演习分为西军和东军，各投入步兵2500人，炮兵400人，陆路炮18尊，马兵两队。演习结束后的讲评中记录道："东军发动夜袭，虽已在白天确定西军位置，但不了解西军已后退，致使袭击无效；西军宿营时，前锋队距离主力太远，容易为东军所乘，幸亏有暗退之计；西军右翼兵力太弱，没有及时充实兵力。"

清廷和荣禄试图训练精锐部队保卫帝国的种种谋划，最后却成全了袁世凯。1905年，北洋六镇编练成军，按当时部队建制，一个军下设两个镇，一个镇拥有官兵12500余名。六镇中除第一镇系清朝贵族铁良统率的八旗子弟外，其余五镇的重要将领几乎都是袁世凯小站练兵时期的嫡系。这六镇正规军不但武器装备精良，士兵训练有素，而且军中将校只效忠于袁世凯，无论清朝中央集团还是革命党，都始终未能渗透。

1911年10月10日武昌起义，辛亥革命拉开序幕。北洋新军成为清室可以依赖的最后的屏障，清廷在无奈之下任命袁世凯为内阁总理大臣。袁世凯一方面以武力压迫南方革命，另一方面又暗中与革命党人谈判交涉，而革命党人亦认为袁世凯是能领导中国的政治领袖。1912年1月25日，袁世凯及各北洋将领通电支持共和。2月12日，隆裕太后接受优待条件，清帝逊位，清朝对中国的统治宣告终止。三日后，南京参议院正式选举袁世凯为临时大总统。

新城

站在今日空旷沉寂的练兵场上，感受当年数千军士训练时群情激越的场面。寒暑四季，风雪无阻，北洋军团能叱咤一时，新军超越时代的发展是其成功的重要基础。袁世凯小站练兵得到了其好友徐世昌、唐绍仪，以及他从天津武备学堂物色提拔的冯国璋、段祺瑞、王士珍、靳云鹏等人的鼎力相助。从小站到北洋，这些人一直跟随袁世凯左右，最终各自成为北洋时代举足轻重的人物。多年后，从袁世凯到徐、唐、冯、段、王、靳等北洋巨头，以及曾在小站练兵、后来独霸

水稻试验田（摄影·何玉新）

一方的王占元、卢永祥、李纯、张勋等大军阀纷纷在天津建房安家。

20世纪90年代，袁世凯嫡孙、美籍华人物理学家袁家骝，段祺瑞嫡孙、南开大学国际保险研究所所长段开龄等人都曾先后到小站寻访先祖故地。不过短短百年时光，因战乱与环境的改变，小站从军事重地发展成经济新城，他们能从这个地图上的坐标方位中找到多少先祖的故事，便不得而知了。

小站是一座兵镇，这里绝大多数村落也是由军队屯田时的营房驻地衍变而来。漫游小站，从道路、河流的格局和名称，到当地人的做派民风，都能感受到些许军营基因的延续。

比如地名，如今小站的村庄和街道仍保留了诸如东大站、西小站、传字营、

盛字营、营盘圈等名称，这些地名也都有其各自的传说。营盘圈原是光绪二十一年（1895）比新建陆军早9个月成编的团练“津胜三十营”的大本营。可惜津胜营实在是武运太差，是年正月成编，4个月后全营官兵竟被一场突如其来的海啸吞没，无一生还，只留下了“营盘圈”这个地名。而蛮子营则是1920年直皖战争时，广东陆军二十五镇统制龙济光召集他在两广的残部，驻扎小站编练振武军时的驻地。当地百姓不懂南方话，便称这个军营为蛮子营。蛮子营很快就被奉军击溃，但这处驻地的名称却沿袭了下来。

小站人的方言词汇中也多有行伍用语，比如，改善伙食被称为“吃犒劳”；嘲讽他人行动缓慢是“肉子儿”——这是指当年兵勇使用的一种火枪，子弹出膛后运行缓慢；批评他人不知节俭时会说“吃吧喝吧，关饷再说吧”。其他如溜号、把边了哨、马号、值更耗火、乱营、点卯等等，也一直作为俗语流传至今。

驰名中外的“小站稻”，其近百年的发展变化更与军事有着密切的关联。周盛传率领盛字军在小站屯垦之初，从马厂到小站开辟了马厂减河，这条河又从小站通到塘沽新城汇入渤海湾，两岸6万余亩盐碱荒野变为良田。1880年，周盛传又在南运河与马厂减河的交汇处修建了九宣闸，开闸引水灌溉稻田，这座大闸仍保留至今，几乎已成为小站硕果仅存的历史痕迹。

良田初现，盛字军便从老家安徽引入抗逆性强、适合盐碱地栽培的水稻品种，“小站稻”一举成名。抗战期间日军占领天津，日本人从日本、朝鲜带来银坊、水源52、水源85、陆羽132、金刚等稻种在此种植，这些品种一直沿用到20世纪50年代。1948年，小站农民潘富荣秋收时无意中在稻田里发现了一株秆硬、不倒、穗大粒多的稻子，便作为种子保留下来。这就是后来小站稻中的水源300粒。经过几年的繁殖，水源300粒与银坊并列为小站稻的两大品种，正如当地民谣所说：“银坊香稻传千里，水源三百是珠玑。”

20世纪80年代末90年代初，小站东花园村确定为“水稻全方位机械化作业示范工程基地”，农业科研部门组织实施绿色食品工程，以有机肥料取代化学肥料，以生物农药取代化学农药，开始试验生产无公害稻米，小站稻再次获得提升。遗憾的是，随着这些年的城镇化改革，小站的耕地与种稻子的农民都越来越少，小站稻的产量也有所下降。今日在小站练兵园的背后，又开辟了一块小站稻试验田，既纪念了当年军队对这一区域的贡献，同时又作为现代化体验式的娱乐项目吸引了外来游客的关注。

几年前，小站镇成为天津首批新城镇试点，从土地上的建筑到人们的思想观念都在迅速翻新。小站练兵园南侧几百米之外建起了一座硕大的圆形玻璃建筑，这是此地新建楼盘的售楼处。不久后，这一区域将出现一处名为“米立方”的大型Mall式购物中心。距小镇练兵园向北一公里的小站新城，已入住了大批居民，老营盘变成新城区，因历史苍凉命运拨弄的过往早已烟消云散。眼前的小站，只是一座有着丰厚文本记载和传奇故事的崭新城镇，幸好建筑在原地得以复原，而泥土和稻香仍在，历史便在如此这般的更新中保存了下来。

安阳访袁林

■陈　远

不说袁世凯，袁林就没有来由，就只不过是洹河水边的一个不知名的小地方而已。

2011年6月4号，抵达安阳，从火车站打车过去，不过十分钟的路。先在宾馆安顿，和一帮学界师友闲叙，说得最多的，当然还是袁世凯。

自从前两年开始关注北洋集团，就一直想去安阳，看袁林——一手缔造北洋集团的政治强人袁世凯的最后归宿，顺便看看殷墟。

一到袁林入口，便可以看到一个五门的门楼，巍峨高耸，气度不凡。同行的朋友拍拍我指着让我看，具体的内容忘记了，记住的是，都是当年的主席语录以及相关的内容。朋友之所以示意给我看，大概是觉得这样的内容与袁林大不协调。可是，袁林之所以在今天能够保存得相对完整，还多亏了主席的指示。1952年，毛泽东来到袁林，参观过后，做出指示：要把袁林保护起来，作为反面教材，教育后人。否则，经历十年浩劫，袁林是否还能存在，还真是个疑问。

但袁林之所以能够安然无恙，还不完全是拜主席所赐。“文革”时，红卫兵们来到这里挖袁世凯的坟，一阵镐刨锤砸，经过钢筋混凝土浇筑的袁墓丝毫无恙，没有炸药的红卫兵，只好怏怏离去。

为袁世凯设计最后归宿的，是一位德国的设计师。陵墓的设计也完全是西洋风格，在袁世凯死后的两个月里开始施工，耗时两年完成。在此之前，袁世凯的

袁世凯祭天

儿子们，已经将他入土为安。我看到过一张墓园刚竣工时的历史照片，袁林还真有一片林子，面积比现在的袁林大得多，松柏林立，不过具是幼苗。袁世凯的女儿袁静雪在她的回忆文章中曾经说到这个情况，最初的袁林，因为经费紧张，难以成林，是袁家自费移种而来。老袁十个妻妾，多子多孙，若是一个儿孙种上十棵，便是不小规模。

不过，袁林之所以叫袁林，还不是因了这片儿孙为袁世凯栽种的林子。当年袁世凯入土，大公子袁克定理所当然地去请袁世凯的昔日盟友徐世昌题写“袁陵”二字，毕竟做过皇帝嘛，虽然只有83天。老成持重的徐世昌告诫“世侄”：陵乃帝王之墓，令尊生前称帝未成，且已自行取消“洪宪”年号，用“袁陵”，不妥。袁克定争辩说：亡父大殓时，即身着皇帝的冕服。但无论袁克定怎么说，这“袁陵”

二字，徐世昌就是不写。还是徐世昌，想出了通融的办法，又引经据典地说服了大公子："《说文解字》中，陵与林可相互借用，避陵之嫌，却有陵之实，就称袁公林，如何？"

就说这"袁公林"三字，便看得出徐世昌这位秀才进退的度。那时节老袁因称帝为千夫所指，称陵讨好了袁公子，但是得罪了天下人，称林，两头不得罪。其实，虽然老袁称帝沸反盈天，但是真要是叫袁陵，还真不见得出什么乱子，后来的国父孙中山，在南京的最后归宿，不就是叫中山陵吗？中国的老百姓，逆来顺受惯了，又何况死者为大，那还会在这些事上计较？

安阳城外洹水之上，自此便有了这空前壮观的陵墓——除了袁林本身近140亩地外，袁家还买断了周围泱泱上千亩地作为祭田。如今，祭田不再属于袁林，啤酒街取而代之。当天晚上，一群学界师友在那里喝酒聊天，不时开上两句关于袁大总统的玩笑。

袁大总统生前，是不喜欢别人开他玩笑的。他宠爱的一位侍妾，就因为说他一句"没姥姥家的"，随后即失宠。不过，那个侍妾的玩笑也开大了些。"没姥姥家的"在河南话中，就是"妾生的"意思，须知袁世凯最忌讳的，便是这一点。他之所以没有叶落归根葬在原籍项城，在弥留之际还念念不忘要儿子们"扶柩回籍，葬吾洹上……"就是因为袁世凯的大哥认为袁世凯的生母刘氏不过是个庶母，不许其入袁家祖坟征穴。那时袁世凯已经官拜直隶总督。就这样，袁世凯愤而迁籍，从此再没回过项城。

一个袁世凯，被历史打扮得面目全非，告密者、卖国贼、窃国大盗——这些头衔让我面对历史时，常常迷惑，若是袁如此不堪，为何历史选择了袁世凯？又或者，是我们自己的历史，原本就是这样不堪？

他不是教育家，但是热心教育，山东大学的前身山东大学堂，就是他一手创办的。创办学堂时，他说:“国势之强弱，视乎人才，人才之盛衰，原于学校。诚以人才者立国之本，而学校者又人才所从出之途也。”这话放在当时那些名盛一时的大学校长的话语中，毫不逊色。即使有人捉刀代笔，也在一定程度上代表了他的见识。

废除科举是近代教育史上的大事，也是让他引以为豪的一件事。他女儿回忆说:“我父亲以后经常谈论这件事，他认为这是他一生中最为得意的事情。”可惜后世史家在谈到废除科举时，很少提到他的名字，但是当年他给大清皇帝的奏折还在，证据确凿。

直隶（今河北省）之所以能在近代以来较早地建立起完整的现代教育体系，跟他关系莫大：正是在他的支持下，严修等人才在直隶掀起了一股兴办新式教育的潮流，办起各种层次、各种类型的新式学堂。1907年，南开中学的前身天津私立第一中学起建礼堂，礼堂就是以他的名字命名的。而直隶最早的公立女子学堂，也是他下令创办的。也是在1907年，清政府学部对全国教育做了一次详尽的调查统计：直隶教育位居全国第二。

他也不是财政专家，但是1901年12月，他接任直隶总督之后，面对从李鸿章那里继承下来的“一个财政烂摊子”（当时的直隶财库有20万两白银，还是从山东财库借来的），他发展实业，成效显著。数据不会说谎。所以有论者说袁世凯主政直隶时期，是天津工商业发展的黄金时代。庚子以前，天津仅有四五家近代工业企业，资本总额为110万两，到了辛亥以前，已经发展到137家，资本总额为2920万两。

他也不是司法专家，但是现代法学先驱沈家本之所以能主持修律馆，正是缘

1913 年 12 月 23 日，袁世凯在天坛举行祭天仪式前与各国使节合影

于他与同僚张之洞、刘坤一的保举。清政府在司法改革中取得的重要成就，大都和他的努力有关。直接的证据就是当时地方司法改革的试点就设在直隶，而他是直隶的主政者。

如此要强的袁世凯，为何会接受日本的“二十一条”？又为何在中国进入共和时期之后甘冒天下之大不韪悍然称帝？袁世凯身后骂名累累，多拜这二者所赐。而近年来发现的资料说明，当年的“二十一条”，最后袁世凯并非一一接受，而且在对待日本人的问题上，袁世凯始终不卑不亢。只是当时弱国无外交，就连性情刚烈的段祺瑞，在被老袁问及“中日交战，有无把握”之时，也不得不实事求是地回答:“三日即亡。”强硬如老袁者，最后也只能衔恨宣布:

（日本人）现在已经撤回（第五项）。决议各条，虽有损利益，尚不是亡国条件。只望大家记住此次承认是屈服于最后通牒，认为奇耻大辱……

至于称帝，以往说袁世凯受了大公子的欺骗和蒙蔽，这未免太看不起袁世凯。当时的中国，形势上没有了皇帝，但是老百姓心中的皇帝却没有死去，加上当时中国一盘散沙，外强环伺，袁世凯称帝，或许想利用这一形势，纠集其涣散的权力，否则，反对称帝最力的，为什么恰恰是日本？从我们今天的理念看来，称帝是历史大倒退，袁世凯也已经因为称帝，被钉在了历史的耻辱柱上，但，用今天的眼光去评判古人，真的可以那么理所当然吗？而在我看来，袁世凯终其一生，不过是一个具有新思想的旧人物。其墓地设计上的中西合璧，所折射出的，正是袁世凯内心的中与西的纠结。

并非存心为袁世凯辩诬，只是想尽量多接近一些历史的真实。袁林虽然不如从前，依然松柏葱葱，跟我一同去的女儿在那里玩得不亦乐乎，不时问这问那。当她问我袁世凯是谁时，我竟一时无语，我该怎么回答她？按照我们过去的教育告诉她，还是按照我自己的理解来告诉她？这一切对于一个成人来说都太复杂了，何况一个孩子？

辛亥100年，各种关于辛亥的讨论纪念此起彼伏，在我自己，尤其看重的是在这次改朝换代之际，大清王朝实现了软着陆，而之前中国几千年改朝换代的历史中，莫不是通过对前朝的大量杀戮实现的。

本来想趁机去殷墟看看的，原本就不远，但是听去过的学者张耀杰讲，他去殷墟，看到的是杀人文化，展出的鼎里的人头，刀砍斧剁，痕迹历历在目。我听了，便打消了去看的念头。

我到安阳，不看殷墟，只看袁林。

“张南通”故里行

■胡 弦

> 习兵战不如习商战。
>
> ——郑观应《盛世危言》

濠南别业

南通给人的感觉，像个大的园林，草木繁盛，流水清澈。尤其建筑，欧美和中国元素同样突出，且融合得很好，没有南京、上海那种给视觉带来压迫的特别高大的楼房，也没有一般城市“火柴盒”式的千篇一律感。南通的各种建筑个性鲜明，庄重而不失活泼，跟这个江海小城的自然风光完美地融合在一起。

城与人是难以分开的。南通素有“一山一水一城一人”之说，其中“一人”指的是张謇。这个晚清的状元，以他一生的荣耀，融进了这座江北名城的血脉。当年他以南通为基地，致力于经济、教育、社会和文化建设，规划并实践地方自治，使20世纪初的南通被称为“中国近代第一城”，上海英文报《密勒氏评论》则称它为“地球上的人间天堂”，受到全世界瞩目。1920年，张謇邀请美国教育家杜威到南通的工业重镇唐闸演讲。杜威考察后称：“南通者，教育之源泉，吾尤望其成为世界教育之中心也。”教育，只是张謇所办实业的枝蔓之一。在那个中国积弱积贫的年代，慕名而来的外地人却发现，南通没有乞丐，没有醉鬼，没有流浪者，真的可称为人间天堂。

我们的落宿处是濠河北岸不远的一家旅馆，隔一条马路斜对面就有一座古旧的建筑。我没出宾馆时就猜测，它会不会与张謇有关？到了近前一打听，果然，这处老房子，也是他当年住过的，后来送给了哥哥张三先生（张謇因在兄弟中排行居四，在当地人称“张四先生”，或南通张四）。他哥哥是他事业的重要支持者，一直在他创办的大生纱厂担任重要职务。

与这座老房子隔河相望的，是张謇那座著名的“濠南别业”。此楼建于1914年，现在是南通博物苑的一部分，砖木结构，英式外观，红瓦、灰墙、明窗。大楼的北门面街，对着濠河，气象轩昂，高朗气派，由张謇培养起来的年轻建筑师孙支厦设计。据说，孙参照了慈禧休憩的英式畅观楼图样。现在房子里设有张謇生平业绩图片展览，几百幅旧照片，几乎组成了南通近代史的全部景观，也是中国近代纺织、教育等历史的缩影。

大楼朝南也有门，门前平台两边各有一根紫藤，其龄已愈百年。他原来住在这里，后来嫌儿孙吵，又搬到了濠河北岸的濠阳小筑。但在去世前的20多天，又回到这里，直到逝世。

博物苑其实也是一个大公园，亭台楼榭很多，花木扶疏。其中的谦亭、南馆、风车与水塔都让人印象深刻，濠河贴着苑的东侧弯过去，更增秀色。当年，张謇在兴办实业的同时，修马路、建博物馆、建五山公园，工业区选在唐闸、港口区定在天生港、狼山作为花园私宅及风景区，构成了以老城为中心的“一城三镇”的空间格局。这种创造性的城市建设布局，既科学，又充满诗人

南通古宅前的古琴（摄影·钱东升）

情怀。

从博物苑出来，华灯初上，我们又游览了濠河。两岸流光溢彩，光孝塔、天宁寺、北极阁、文峰塔都在灯影中，美不胜收。濠河原是南通的古护城河，长约十多公里，首尾相接，环绕老城区，围成葫芦形，被喻为少女脖子上的翡翠项链。现在，南通的范围自然远远扩大到濠河之外，从而形成了“河护城，城护河”的特殊景观。葫芦状的清冽濠河成了南通的城中之河，方圆二三十公里的南通城，成了一个城河一体的大景区。

第二天早起，去看女红传习所和濠阳小筑，两处以曲廊相连。濠阳小筑现名因树斋，设有张謇研究所。这是个两进的小院，当年张謇居后，沈寿居前。他和这位号称“针神”的传奇女子的情史，至今仍是史学界争论不休的话题。女红传习所现名沈寿纪念馆，是当年张謇请来著名刺绣家沈寿教授刺绣技术的地方，也是中国第一个刺绣讲习所。张謇在南通创造了许多“中国第一”：南通博物苑是我国第一个博物馆，南通师范学校是我国第一个完全师范，女子师范学校也是全国最早的。此外，还兴办了社会福利院、体育场等，所办实业涉及工业、农业、教育、体育等，可谓包罗万象，且大都开中国风气之先。杜威、梁启超、竺可桢、丁文江、陶行知等人都曾到博物苑参观过，惊叹张謇开阔的视野和博物苑所达到的高水准。张謇创办师范的理念是“家可毁，师范不可毁”。他坦承，自己教育救国的思想是受德国俾斯麦的启发。由于引进了西方文明，再加上身体力行，张謇实际上提供了近代转型期中国第一代知识分子推动本国现代化的一个范例。

唐闸镇与啬园

接着去北郊的唐闸镇看大生纱厂一厂。

毛泽东曾说："谈到中国民族工业……轻纺工业不要忘记张謇。"大生一厂就是张謇办轻纺的起点，是他手创的大生资本集团的第一个企业。唐闸离市区十多公里，是张謇1895年规划南通"一城三镇"的重要组成部分。这里通扬运河穿镇而过，是我国近代民族工业的发源地之一，也是中国早期私人资本民族工业和近代纺织工业的发祥地。

车子出城，很快就到了唐闸镇。阳光分外炽烈，运河水早已变得浑浊，河上机动船突突地来往。大生一厂建在运河边上，河边是新修复的"大生马头"牌坊，十分显眼。这是一座四柱三门式牌坊，中门二柱上刻有"枢机之发，动乎天地；衣被所及，遍我东南"的对联。这是当年纱厂开工前夕，张謇专门派人过江到常熟请恩师翁同龢写的，联中可见其胸中的豪情和抱负。

原来的大生一厂，现在叫江苏大生集团，已是一家国有控股集团公司。运河两岸显得有些陈旧、低矮的厂房，仍然可以依稀感受到唐闸昔日的繁华。集团厂区内只有一处老房子，这是当年张謇等人办公的公事厅——一个两层木结构的小楼，简朴大方，现在是大生厂史的陈列室。大生于1899年5月开机，至1922年转衰，度过了20余年的黄金期。1913年以后，大生一厂连同二厂年年赢利，兴旺一时，仅1919年两厂赢利就高达白银380多万两，创下最高纪录。从1914~1921年的8年间，大生两个厂的利润总计达1000多万两。1920~1921年，上海报纸天天刊登大生的股票行情，是当时市场上最抢手的股票之一。

大生码头

女红传习所

自大生纱厂开机后，其他企业陆续在唐闸开办，如广生油厂、大兴（复新）面粉厂、资生冶（铁）厂、阜生蚕桑染织公司、泽生水利公司、大达内河轮船公司、大生轮船公司……当年的唐闸，是闻名中外的工业重镇。现在，大生一厂那个高高的钟楼也很远就能看到，它屹立于运河之滨，俯瞰、见证着一代名人和这片土地的光荣与梦想、兴盛与衰落。

唐闸镇与大生有关的许多建筑都在修复中。这是个被命名为“南通·1895”的遗产修复工程，已经开工，已启动或部分修复的有大生码头钟楼、大达轮船公司旧址、红楼、北川桥景观带等。当年张謇创办大生集团遗留至今的厂房、工房、仓库、码头以及带有欧美风格的近代建筑群都将修复，并准备申报“世界工业遗产”。

出唐闸，去啬园。啬园是张謇的埋骨之所。说是墓园，实际上已扩大为一个

淮海实业银行

公园，因张謇晚年号啬庵，故取名“啬园”。啬，张謇取其节俭意，含有对兴办企业和持家的良苦用心。墓后有个高高的铜像，墓道两边和墓地周围的龙柏都很高大，浓荫匝地，气象森严。我从杂木下掐了些小花，扎成一束，摆到铜像前，以表达内心的敬仰之情。

张謇死于1926年，是年，他已73岁高龄，各项事业都处于低潮期。为了纱厂的运转，他四处筹款，甚至向日本人借钱。大生即将搁浅时，他在给股东的宣言书中表示，如果不是为地方自治，不是为教育、慈善、公益，他对专制朝廷的高官厚禄尚且不动心，哪里会低声下气为人牛马30年。可见他心中也是藏满了苦楚的，但他仍不知疲倦地为各种事业奔走。那年八月，天大热，他带病和水利工程师到江边视察江堤，因感受风寒而高热不退，20余日后即与世长辞。胡适曾说，“他开辟的路子太多，担负的事业过于伟大，他不能不抱着许多未完成的志愿而死”。而他自己则说:“生已悉到死，既死愁不休。”这个“愁”字让人欷歔，张謇，是为了南通而“愁”死的吗?

状元故里常乐镇

午饭后去海门县常乐镇。常乐镇是张謇的老家，他1853年（咸丰三年）出生在那里。

车子进到镇里，已是半下午时分。我们问街边一个小孩子，“张謇纪念馆在哪里”?他热情地带我们往里走，不但把我们一直带到纪念馆，还指出馆前的那条街叫状元街。

张謇自幼聪颖，3岁能背《千字文》。12岁时，塾师出上联“人骑白马门前去”，

如今的大生纱厂门楼（摄影·钱东升）

运河边的唐闸镇（摄影·钱东升）

张謇当即对以“我踏金鳌海上来”，对仗工整，不同凡响。一问，给我们带路的小孩子也是12岁。

张謇15岁开始进入科场，考了20多年，科举路可谓坎坷。好在大器晚成，42岁中了状元。状元，一般奔的是仕途前程，张謇却另有抱负。他说，“愿成一分一毫有用之事，不居八命九命可耻之官”。这个有用之事，就是实业救国。清朝时期江苏出了49位状元，其中办纱厂的有两位，即苏州的陆润庠和南通的张謇。但真正心怀报国之志、为推进中国现代化走出了一条新路的，是江北的这个张状元。

纪念馆是个生机盎然的小型园林。进得门来，是张謇身穿西服手握书卷的铜像，像后不远，便是张謇史料陈列室，陈列有张謇日记的手稿，以及一些当年出自张謇之手的石碑、匾额。更珍贵的是那些老照片，有他创办的各种企业的，也

张謇像（摄影·钱东升）

有文化、慈善事业的，如养老院、更俗剧场、博物馆、学校等。张謇一生在南通创办了20多个企业，370多所学校，涉及纺织、垦牧、盐业、蚕桑、染织、油料、面粉、肥皂、印书、造纸、电话、航运、码头、银行、火柴、电力、房产、旅馆业等。这些大事都是在很短的时间内办成的，用张謇自己的话说就是“本小事大”、“急进务广”。但投资扩张过多、涉及面太广、事业铺得太大，也是大生资本集团最后走向衰败的原因之一。到他去世前，大生一厂对其他企业的借款超过112万两白银，以往来名义被其他企业占用的也有100多万两白银，另外仅为企业和公益事业的垫款就有70多万两白银。

大约是天太热的原因，状元街上空荡荡的。出纪念馆前行，有个张謇书法展馆，隔着玻璃墙壁，仍能清晰地看到他那些苍劲有力的字迹。再往前的岔路口边，又是一尊他的塑像。塑像十分高大，矗立在一个半米多高的基座上。他气宇轩昂，右手伸于空中，像在演讲，大有指点江山之势。空气中，仿佛真的在回响着他慷慨激昂的声音。在南通，几乎到处都可见到张謇姿态各异的塑像，有铜铸的，也有石雕的，商店里还有小型木刻的。他虽已去世80多年，但这里仍到处都是他的影子。他是南通的骄傲，也是南通经久不衰的名片。

当年，孙中山曾对张謇的儿子说:“我是空忙，你父亲在南通取得了实际的成绩。”胡适则说，张謇是一个很伟大的失败的英雄。甲午战争后尤其是戊戌变法之后，这位状元一门心思在万里长江奔流入海的南通一隅，办企业，办学校，致力于慈善事业和地方自治，将小小的南通建成了名扬中外的模范城，创造了近代著名的“南通模式”。他也被时人和后世尊称为“张南通”。更重要的是，他不但曾造福一方，他的精神和发展模式，已成为中国近代民族富强史中的一笔财富。

寻路东交民巷

■李　刚

西洋诸国越海无量由旬，以与吾华交接，此亘古未有之奇局。中国士民或畏之如神明，或鄙之为禽兽。

——曾纪泽

如果没有手中的一张旧地图，你将无法知道它的过去。但因不少大门都紧紧关闭，也不太容易知道它的现在。

2011年11月的一个午后，微微凉风吹拂，阳光却好得出人意料，透过秋后街旁的高树照在人脸上，竟有几分暖意，会让你想忘却身旁的车马喧嚣。挤上熙熙攘攘的地铁二号线，随身带一张成图于民国初年、比例尺为1:15850的北京老地图，去往地铁一号线天安门东站。它不仅是一张内容翔实、绘制准确、标识中英文的寻路地图，更是一个穿越时空、印证变迁的忠实写照。此行目的地：东交民巷。

江米巷

四四方方的北京城，条条大道通天安门广场。出了地铁口，走进广场东路，顺着国家博物馆一直往南走，慢慢悠悠，不到十分钟就到东交民巷巷口。一路都有茁壮的银杏，树叶随风飘洒，树后掩映的便是毛主席纪念堂。东交民巷还与北京饭店、王府井步行街、东单、崇文门商业街等旺地紧紧相依，再加上前门箭楼、正阳门、天坛公园、大栅栏商业街、琉璃厂古文化街等古迹的护佑，实为首善之区的风水宝地。

其实东交民巷对于生活在北京的许多人来说，是熟悉且陌生的。如果问居留多年的人，人们可能会说知道东交民巷，但再问具体在哪里或者是否去过，大多数会很确定地摇摇头。更不要说那些在广场畅游的游客。

进入街巷，面前是一条东西向的街道。

首先看到的是天安门地区管委会，还看到一张标牌，上书：东交民巷是北京著名街区，位于东城区南部，呈东西走向，东起崇文门内大街，西至天安门广场东侧，南与前门东大街平行，北与大华路、兴华路相通，中与台基厂大街、正义路相交，全长1552米，是目前北京市最长的胡同。

其实，700多年前这条胡同就开始留下外国人的身影。21岁的马可·波罗当时风华正茂，历尽艰辛到达元大都，在那里，他和父亲觐见了忽必烈汗，这位威尼斯商人除了继续追逐财富、享受东方新天地的梦幻和刺激，还成功完成了元朝皇室交给的政治使命，一住就是17年。在那时，东交民巷还叫“江米巷”。通惠河连接南北大运河，是为漕运，藉此南方粮食得以供应大都，桥板胡同附近渐渐形成一条东西向的粮食街。其中糯米为重要物资，北方人一般称其为江米。这便是江米巷的由来。

明成祖朱棣迁都北京之后，重新规建北京城，但城阙南移，江米巷纳入内城，还在大致相当于天安门广场的位置建构了中央办公机构所在地——棋盘街，江米巷始有东巷、西巷之分。主管外交事务的礼部和鸿胪寺坐落在东侧，礼部还在巷

东交民巷是北京城最长的胡同之一。成片的槐树树荫给闹市中的
东交民巷带来了几分宁静（摄影·王牧）

道路北侧

内设置了会同馆，户部、吏部、工部、兵部、翰林院等许多中央衙署则建在东交民巷的北侧和西侧，与紫禁城距离很近，大概便于臣下向皇帝早请示晚汇报。

清承明制，许多明朝设置的衙署遗留沿用下来。在这一带除了办公机构、民用房屋之外，还有一些王公府第。《燕都丛考》中提及的府第有裕亲王府、安郡王府、博贝子府第等。但是明清两朝一般不许外国使节、藩属贡使长居北京，以数十天为期限。“江米”与“交民”谐音，所以“江米巷”慢慢就被人称为“交民巷”。

“天朝上国”曾经是中国的现实，但它靠不住。因为无论任何文明，只要置身于历史长河，必定面临竞争，不进则退。马可·波罗离开中国整整500年之后，即1793年，东交民巷里的会同四译馆接待了另一批西方客人——由英国马戛尔尼勋爵所率领的庞大外交商贸使团。对中国来说，他们是“不速之客”。

“如果那个早于别国几个世纪发明了印刷与造纸、指南针与舵、炸药与火器的国家，同那个驯服了蒸汽并即将驾驭电力的国家把它们的发现结合起来，那将是一场什么样的文化革命呀！”法国学者佩雷菲特对这次中英“破冰之旅”发出这样的感慨和遗憾。然而，这只是美好的“如果”，历史的真实轨迹是完全沿着相反方向发展。乾隆皇帝非常慷慨地批准给英国使团每天招待费用为白银5000两，这是一笔不小的款项，但是大多数被经手的官员所克扣，马戛尔尼不太可能知道这一情况，并且他的所有合理或非分之请全被驳回。马戛尔尼经过观察与思考，断言道：“中华帝国只是一艘破败不堪的旧船……只需几艘三桅战舰就能摧毁其海岸队。”

1840年的鸦片战争，西方列强打开了中国闭关自守的大门，但是以英国为首的列强仍然没有获得在北京建立使馆的权利。道理很简单，对于皇帝来说，卧榻之畔，虽可容夷人睡觉。一般外国人不会允许超过40个昼夜。想要建使馆常驻北京，更是超出他和智囊们的心理预期，地可以割，款可以赔，但对于集权统治来说，安全的意义之大，大过天地。

外来者

走进一个垃圾遍地的破落院子，几个民工正在敲打从旧墙上拆下的砖石。见我手里拿的地图，门口的人问我干什么的，我说:“玩。”便也无人阻挡，径直入内。

这里是俄国兵营的一部分，残损的建筑在拆除当中，据说这里马上要兴建一个新的宾馆。隔着一条胡同（胡同里有最高人民检察院招待所）是最高人民法院，

东交民巷使馆区内的日本“兵营”

❶八国联军侵华期间的德国使馆
❷英国使馆前悠闲的洋人

院内是一座气势恢弘的现代建筑，有威严的警卫和更加威严的国徽。该处是在俄国使馆旧址上建造的，原建筑已被拆除，仅剩大门和一段被栅栏圈起来的老围墙。

由于中俄商贸、军事接触较早，康熙三十二年（1693年），北京“恩准”俄国人来华通商，规定“尔后二百人以内之俄国商队，每三年一回至北京，寓俄罗斯馆，八十日间，许以免税通商”。俄国商人还被允许在东交民巷御河桥西建造馆舍，这是外国人在北京建立的第一个专供本国人居住的馆所，且是后来俄国使馆的前身。

事实上，中国并没有从第一次鸦片战争中吸取太多教训，或者说并没有意识到一个不同以往的全新时代已经来临，鸦片战争给中国所带来的冲击甚至没有对日本来得大。十几年后，第二次鸦片战争爆发。“北狩”承德避暑山庄的皇帝痛苦且庆幸地签下新的盟约，时间是咸丰十年（1860年），签约对象是英、法、美、俄四国，是为《天津条约》，又是割地赔款，不过让清朝统治者最难以接受的仍是各国可派公使常驻北京的条款。之后，各国纷纷派员来华，觅地设馆。按规定，清政府也可以向列强国家派出驻外使节，但当时中国人中的大多数感觉到的只是屈辱。以至于十几年后，郭嵩焘出使欧洲还被同僚、家乡人骂得狗血喷头，最终抑郁而亡。在机会平等的前提下，先天实力不平等是为可怜，心胸视野相差太大就是可悲，并且更为严重的是，后者可以加深不平等。无论如何，至此，东交民巷成为使馆区的代名词，加上附近的总理各国事务衙门，两者成为中国现代意义的外交工作的双核心。

在俄国使馆对面，现在是北京警察博物馆，为西洋古典式建筑，原是美国花旗银行旧址，竣工于1914年。与之毗邻的是美国使馆与兵营旧址。英国兵营和使馆则位于俄国使馆以北、长安街路南、兵部街以东、御河桥以西，原是淳亲王府、翰林院、鸿胪寺等机构，北墙斜对面就是紫禁城，在北京东交民巷占地最大、地理位置最为“优越”。

英国使馆是东交民巷的第一个“帝国主义列强使馆”。英国使馆落实之后，法国也立即向清政府索要使馆区，几经商榷，地点最终定于台基厂南口路西、东交民巷路北拐角处的“庆公府”。俄、美、德、比、西、意、奥等国纷纷效仿，先后在东交民巷地区建立使馆。

历史再往后翻40年，光绪二十六年（1900年），由于帝国主义的扩张和文化、利益冲突，以及国内矛盾的激烈，北方义和团风起云涌，把矛头指向西方列强。

义和团

1900年6月5日，庆亲王奕劻和英国公使窦纳乐举行了一次会晤。窦纳乐记下了当时的情况:“我的会晤的另一结果，就是使我确信长期以来我所怀疑的事情，总理衙门即使有庆亲王作为它的发言人，已不再有效地代表中国统治势力；同时我感到，他作为推动中国政府的一个杠杆，正在彻底瓦解。”

清政府在这个时候当然没有瓦解，义和团的后续行动就是由顽固派计划出来的。这些因为戊戌政变获利、走向台前的军政官僚，有两个突出的特点：一是惊人的无知，二是变态地好权，更为严重的是，他们是国家决策参与者。由大量失地、失业人员构成的团民从东西北三边围攻东交民巷使馆区，比、奥、荷、意四国使馆遭焚毁，直到7月15日，长达55日相持不下。京城秩序大乱，就连一向以开明著称的光绪也处于危险中。

列强增援部队于7月末到达大沽，但由于意见分歧，一直拖延到8月4日才向北京进发。这支联军有8000名日本人、4800名俄国人、3000名英国人、2100名美国人、800名法国人、58名奥地利人和53名意大利人。他们打败了拳民和清军，并于8月14日到达北京，解救了东交民巷。

9月中旬，两宫西狩已经住进陕西巡抚衙门，慈禧太后和她的左右主动拟就议和框架，开出自己的谈判条件，其中第一条即为：承认围攻使馆违反国际公法，保证今后不再出现类似事件，但要求列强先行停战。联军统帅瓦德西的态度是“不给予任何的理睬”。蒋廷黻先生说过这样的话：“在鸦片战争以前，我们不肯给外国平等待遇；在以后，他们不肯给我们平等待遇。”

1900年12月，十一国公使提出《议和大纲》，强迫清政府接受。1901年9月7日，庆亲王奕劻、李鸿章代表清朝和列强订立《辛丑条约》。条约第七款规定：“各使馆境界，以为专与住用之处，并独由使馆管理，中国民人，概不准在界内居住，亦可自行防守……中国国家应允诸国分应自立，常留兵队分包使馆。”

清政府曾经要求保留祭祖的堂子和中央衙署机构，列强只答应保留吏部、户部、礼部和宗人府，其余一律限期搬迁。其中堂子的搬迁极富象征意义。堂子在满族语中即神庙，对于这个祭祀，皇室要求非常严格。皇太极称帝后规定：“凡官员庶民等，设立堂子致祭者，永行禁止。”这就意味着除爱新觉罗家族以外的所有满汉官民都没有资格再举行堂子祭祀，从而确立了堂子祭为国祭、皇家祭的顶级地位。就是这样一个被搞得神乎其神的神秘场所、任何外人不得准许入内的皇家圣地，在列强势力扩张面前，皇室毫无办法，只得将堂子移建于东长安门外。

李鸿章在《辛丑条约》上签字的当天，回到家中大口呕血，四个月后他的生命走到了尽头。与东交民巷周旋费尽周折的李中堂的去世，外交使团并不真的关

联军攻上北京城墙

心，虽然有西方人送给他“19世纪世界三大外交家”的雅号。

东交民巷的使馆还在继续扩建中。英国使馆原来就占据了御河桥西岸的淳亲王府和肃王府的一部分，《辛丑条约》后进一步扩张，成为东交民巷规模最大的一所使馆。俄国则占据了太医院、钦天监和兵部、工部的一部分旧址，将使馆面积扩大到100多亩，并建起兵营。德国使馆于1862年设立，位于路南，与法国使馆相对，1900年后占据广成木厂及附近大量民房用以扩建使馆和设立兵营。一战后德国战败，其兵营归荷兰使用。意大利使馆当时占用的是堂子和肃王府，葡萄牙则占据了板库等地，西班牙使馆旧址位于东交民巷甲23号，现为东交民巷饭店。日本使馆旧址位于东交民巷21号，现属北京市委，是东交民巷地区现存最早的建筑。

德军军官在攻入天津城后的合影

1900 年，使馆卫队与董福祥的军队争夺翰林院的战斗

❶义和团团民被押往刑场

❷清军战败后，根据联军要求，一位高官即将就刑

❶英国公使馆外的英军士兵和教民，此为解围后拍摄的照片

❷清军战败后，获得优厚赔偿的列强承认慈禧太后和光绪皇帝的执政合法，图为“两宫回銮”进入北京城

荷、奥也各有“斩获”。

此外，各国还将使馆界转租给银行、商行、邮局等商业机构，包括英国的汇丰银行和麦加利银行、俄国俄华道胜银行、日本正金银行、德国德华银行、法国东方汇理银行、美国花旗银行等，商行则有怡和洋行、顺记洋行、中法实业洋行，此外还有在中国近代史上大名鼎鼎、名人进出的六国饭店。其中，值一提的是日本横滨正金银行北京分行，它是一栋宏伟的西洋古典风格大厦，地上两层，外部墙体为砖石立面，由此可见当时的日本作为后起国家的金融实力和扩张欲望。这里至今保存完好，现由国内金融机构使用。

除了使馆、军营、银行、邮局等机构，在东交民巷内还建有西方教堂。早在1732年，传教士团就在东交民巷建造“奉献节教堂”，这座教堂已被拆。穿过正义路，坐落在路北侧的圣弥厄尔教堂则是一座天主教堂，也是北京修建的最后一座天主教堂，到1904年，教堂竣工，至今保存完好。比利时使馆就位于与圣弥厄尔教堂一路之隔的南侧，如今是国务院机关的紫金宾馆。

东交民巷的东路口，南边是“新侨饭店”，这座饭店如今已不再闻名遐迩，但它是新中国成立后专门建造的一座涉外饭店。北边是著名的同仁医院，同仁医院创建于1886年。

还有一个国家在东交民巷的馆舍也值得一提，虽然在100多年前就已成历史。这个国家的名字叫琉球，其实原本是跟朝鲜一样生存在大国夹缝中的独立国家。它最后一次朝贡是在光绪元年（1875年），当时也被安排住在东交民巷馆舍。

庚子之后，在西方势力的干涉下，顽固派或被杀或被驱逐，藉此清政府痛苦地完成了一次政坛革新，张之洞、袁世凯等开明官僚彻底登上历史高处。十年时间，体制内的最高当权派之间虽然有分歧，但已经完全不是反对与赞成社会改革

在红都服装店，一张挂在橱窗里的清代家谱画卷和街对面东交民巷饭店的西式建筑在玻璃的反射中交集，东交民巷的历史在这个瞬间穿越（摄影·王牧）

的分野，而主要是改革激进派与缓行派之别。从1901年“新政”开始后，宪政化甚至已经逐渐成为体制内改革思想的主流。但是，东交民巷“国中之国”的存在，一方面，中国和统治这片领土的清政府更被列强轻视，另一方面，朝廷的威信也在民间一落再落。清末曾有人写诗表示愤慨：“长安门外御河桥，轿马纷驰事早朝。不料皇居冠盖地，炮台高筑欲凌霄。”

东交民巷的变迁是几代中国人命运的缩影。清末十年的改革必定不会顺利，因为这个政权的合法性已经流失殆尽，革命的声音开始日盛一日。所以，即使它痛定思痛推行改革，也困难重重，不仅有政策的失误，也有民间人士、体制外成员的不予配合。历史有其自身的规律，似乎只能让人欷歔感叹。

反帝路

中华民国北京政府运行期间，中国一直未能实现统一。1914年，北京外交团成立管理使馆界事务公署，在外交团监督下行使职权。它在善后大借款、袁世凯称帝、府院之争、一战参战、军阀混战、张勋复辟、五四运动等重大历史事件背后，一直发挥着至关重要的决定或刺激作用。1927年南京国民政府成立之后，各国使馆相继迁往南京，但东交民巷仍为各国所控制。1937年全民抗战爆发，日本占领北京，1941年珍珠港事变后受到日本冲击，东交民巷使馆区除轴心成员国使馆人员之外，多数撤离北京。1943年，中国已经为世界反法西斯战争做出了巨大的牺牲和贡献，与英、美等国及时修约，正式将东交民巷使馆区的行政管理权收回中国政府。

1949年2月3日，解放军举行北平入城仪式，部队经正阳门转入东交民巷，这

鸦片战争后，东交民巷被西方国家据为使馆区，西洋建筑接连拔地而起，也影响了此地的建筑风貌（摄影·王牧）

一环节，包含有新政府缔造者的政治艺术设计。新中国成立后，不承认新政权的外国企业、传教团体被勒令出境，外交部接管了这些使馆。陆续与新中国建交的一些国家继续在东交民巷建馆办公，例如苏联继续使用原使馆，东德取得原德国使馆，比利时使馆为缅甸政府获得，匈牙利则继承奥匈使馆。直到20世纪50年代，使馆区仍是作为外交官的住所。

在“文革”中，由于历史的特殊性，东交民巷被改为“反帝路”，大量西式建筑遭到严重破坏。“红卫兵”曾举火焚烧英国代办处和印度大使馆，幸未酿成大面积火灾。20世纪80年代以来，随着北京城市建设的发展，东交民巷几次扩路建设，汇丰银行、怡和洋行、德华银行、俄罗斯馆等旧址被先后拆除，并兴建了不少高层建筑和现代建筑。日本使馆、法国使馆等现属政府机关所有，其他一些有特色的建筑则由银行、企业使用。目前东交民巷是北京市文物保护街区。如果没有手中的一张旧地图，你将无法知道它的过去。但因不少大门都紧紧关闭，也不太容易知道它的现在。

西什库，热月围攻

■张　鸣

> 掀铁道，拔线杆，紧急毁坏火轮船。大法鬼，心胆寒，英美德俄尽萧然。
>
> ——义和团揭帖

教堂成为全国文物保护单位的，大概北京只有一个地方，那就是西什库教堂。这个教堂又称北堂，是当年北京城最大的天主教教堂。天主教华北区的总主教樊国梁，就驻在这个教堂。教堂里面不仅有一个三层楼高的哥特式主堂，而且医院、学校、印刷厂和育婴堂一应俱全。教堂占地几百亩的样子，是整个华北地区天主教的中心。

义和团运动兴起之后，华北一带遭到义和团驱赶杀戮的教民和传教士，陆续逃到北堂。到1900年6月，整个北堂差不多聚集了3000多人。在风声日紧的情况下，总主教樊国梁预感到大事不好，一边向法国使馆求援，一边自己“整顿武备”，收集了好多低档次的洋枪和土火枪，囤积了一些粮食，准备应变。已经捉襟见肘的使馆，挤出了41名士兵，携带41条新式洋枪来到北堂。果然到了这年的6月15日，儿子做了皇帝继承人的大阿哥，自己做了义和团总首领的端王爷载漪，意气飞扬，亲率大队义和团进攻北堂。

❶一位天主教徒在西什库教堂内祷告。西什库教堂1703年开堂，曾经长期作为天主教北京教区的主教座堂，是目前北京最大和最古老的教堂之一（摄影•王牧）

❷西什库教堂的主体建筑为典型的哥特式建筑风格，院落中的石狮子又是典型的中式风格（摄影•王牧）

❸西方的宗教和中国的历史在西什库教堂融合，教堂一隅挂着一幅身穿清朝皇族服饰的圣母抱圣子像（摄影•王牧）

从中国逃出来的美国传教士到达中俄边境小镇基亚克塔（KIAKTA）哥萨克部队营地

坚信义和团刀枪不入的载漪，原本以为区区一个北堂，可以一鼓而下。第一轮冲锋开始，里面枪一响，冲在前面的团民没倒，后面的人很兴奋——果真有法术！但是，最前面的人却不动了，没有扑上去抢门。原来，枪子还是入了，人没倒是因为被后面的人挤住了。接下来几番冲锋，越冲义和团的勇气越弱，死的人倒是不少，敢冲的人更少了。领头督战的大师兄跟端王爷一个劲儿地解释，说是前面死的人，是因为昨晚上跟女人睡觉了，所以法术不灵。

接下来几天，跟女人睡过的义和团似乎越来越多，谁冲在前面，多半就是一个死。后面的人见事不好，学黄花鱼溜边。大师兄、二师兄也死了好几个，区区的西什库教堂却岿然不动。这时有人来报，从五台山下来一个和尚，骑一匹枣红马，手持一把青龙偃月刀，另一只手捧着一本《春秋》，除了没有五绺美髯和头发，俨然是关公再世。端王爷闻报大喜，当即下令让和尚出战，只听一阵马蹄响，然后是一声枪响，和尚一头从马上栽下。在一片死寂中，枣红马回来了。

在所有人都泄气的时候，义和团的老师出面了。他解释说义和团的法术是灵

❶庚子国变，八国联军战胜清军和义和团后，教会要求清政府重建了被义和团烧毁的南堂
❷暴尸街头受刑者
❸1900 年 9 月 8 日，法军司令福里（FREY）将军在北京法国教堂（北堂）为阵亡法军官兵举行弥撒

验的，但西什库教堂里面的老鬼子樊国梁，也非等闲之辈，他也有法术。义和团的法术什么都好，就是不能沾女人，一沾女人法就上不去，刀枪不入也就不灵验了。所以必须以毒攻毒，也找女人来。这样一个号称金刀圣母的女人被请来了，八抬大轿，威风凛凛。一时义和团士气大振，喊杀声震天。然而再次冲锋，前面的团民还是一个接一个倒下。没办法，调来支援的清军只好用老办法——挖地道，埋炸药。地道挖到了北堂内仁慈堂下面，炸死了躲在里面的几百名儿童，但是，义和团却没有敢从地道里杀出来。

强攻不行，只好围困。一个月过去了，北堂里的粮食吃完了，又过了半个月，连马和骡子都吃掉了，北堂里的树皮和草根都吃光了。里面的人，宁可饿死，也不投降。8月16日，北京城被八国联军攻破，清军和义和团仓皇撤走，西什库教堂的人得以劫后重生。

当年，围困西什库的义和团和清军，最多的时候达到10万，里面守卫的人，最先进的武器就是41支新式洋枪，即类似汉阳造和三八大盖那样的步枪，没有连发武器。就算刀枪不入是假的，参加围攻的义和团和清军如果真的不怕死，前赴后继涌上去，推也把围墙推倒了，踩也把教堂踏平了。但是这样的事情没有发生，前面的人中枪身亡，后面的人也就一哄而散。纵然组织者几次解释，几次重新进攻，但只要义和团民发现刀枪不入不再灵光，所谓勇敢和不怕死，也就去了爪哇国。

西什库教堂的存在，是一个象征，一个愚昧和迷信不能救国的警讯。一个多世纪过去了，如果这样的警讯还是不能唤醒某些人。那么，中国人这一百多年真的就白过了。

浏阳，激进的小城

■ 刘正初

士乎士乎，宁能长恃此守旧愚民之政府，永远揍其非圣无法之之庸滥时文，为玉律金科乎。

——唐才常《贬旧危言》

1800多年来，浏阳之名从来没有更改。这在中国地名史上比较罕见。不过这不是一个保守的城市，中国近代激进思想与"浏阳二杰"——谭嗣同、唐才常关系颇大。前者用生命呼吁变革，而后者领导1900年的自立军起义，被视为武昌起义的先导。

从长沙出发，沿着长浏高速公路往东，穿过长长的蕉溪岭隧道，就到了浏阳。这是一座群山环抱的小城，城建在山中，山拱卫着城，山与城相互依存。

每一座城市，几乎都有一条著名的河流。因为河流，城市有了灵气。浏阳名称的由来就与浏阳河有关。据说，很久以前，浏阳河还没有名字和县治，河两岸的人们在浏阳河源头焚香祷告，把一只黑山羊抛入河中，任其漂流，羊在哪里沉入河底，就在哪里建城。这只肩负"卜居"使命的黑山羊，在河面上漂了三天三夜，最终沉入河底。人们在黑山羊沉底的河段附近定居下来。从此，这条河被人们称为"流羊河"，县名也被称作"流羊县"。很多年之后，"流羊"雅化为"浏

群山环抱的浏阳小城。浏阳以歌曲《浏阳河》和烟花扬名中外，表面温婉，而隐藏在其中的，却有谭嗣同、唐才常这样的激进人物（摄影•刘建国）

阳”。

其实，这只是一个传说。浏阳河为湘江的支流，发源于湘赣边界的大围山。古人以山南水北为阳，因为县治在浏水之北，因名浏阳。北魏地理学家郦道元在《水经注》称之为浏水。《诗经·郑风》有诗：“浏其清矣。”浏，就是流水清澈的意思。30多年前，浏阳尚没有自来水，全城百姓就直接到浏阳河中挑水喝。《三国志·吴书九》记载：“权拜瑜偏将军，领南郡太守，以下隽、汉昌、刘阳、州陵为奉邑，屯据江陵。”这是东汉建安十四年（公元209年）的事情，其中的“刘阳”即指“浏阳”。浏阳之名，始见于此。1800多年来，浏阳之名从来没有更改，这在中国地名史上比较罕见。

一首《浏阳河》，把浏阳河唱得天下闻名。李谷一唱过，宋祖英唱过，李宇春唱过，有很多人就是从《浏阳河》的歌曲开始认识浏阳的。某年湖南旅游节在浏阳开幕，有“十万人同唱浏阳河”的活动，全城居民近十万人顶着太阳，站在浏阳河两岸，合唱了这首歌。

浏阳文庙位于城区的圭斋路，始建于宋，清嘉庆二十三年（公元1818年）迁建于今址。道光二十三年（公元1843年）续修，占地面积6000多平方米。大成殿为主体建筑，木结构，重檐歇山顶，盖黄琉璃瓦，屋角飞翘，朱漆雕花格扇门。文庙为祭孔场所，大成殿中立有孔子像，两侧为历代贤士牌位。清代邱之稑曾制祭孔古乐器于庙内，习以八佾之舞。浏阳文庙祀孔的春秋二祭典礼，都按照古乐旧规举行。曾国藩曾邀邱之稑前去演奏，博得曾国藩赞叹不已，赠“雅淡和平，精探正乐”匾一块。浏阳古乐名声大噪，就连山东曲阜的孔府也派人到浏阳观摩。谭嗣同曾在浏阳文庙奎文阁创办中国近代第一个民间科技团体“新算学馆”。

1926年，中共浏阳县第一次代表大会在大成殿召开，成立了以潘心源为首的中共浏阳县委。

解放后，这里成了浏阳一中的校园。胡耀邦、杨勇、李志民等曾在该校就读。

青石板小巷，谭嗣同

浏阳是一座充满悲壮色彩的城市。旧志上有事迹记载最早的浏阳人，是晋代的易雄。易雄居住在城西的西湖山，出身寒门。公元322年，军阀王敦叛乱，易雄率兵抵抗，坚守长沙；长沙陷落，易雄遇害。噩耗传回浏阳，夫人潘氏率领全家50余口投浏阳河樟树潭殉节。至今，浏西枨冲镇将军洞还保存有易雄夫妇的墓葬。学者易中天系易雄后裔，曾经汇款为易雄修墓。一方山水养一方人，这种悲壮的

谭嗣同雕像（摄影·袁柏平）

谭嗣同与湖南时务学堂同仁在一起，自左向右：叶觉迈、谭嗣同、王史、欧榘甲、熊希龄、韩文举、唐才常、李维格

气质延续到近代，小城成为中国近代激烈思想的重要策源地。其中，最有名的当属谭嗣同和他的挚友唐才常，即“浏阳二杰”。革命者中的人物包括辛亥革命前后活跃的焦达峰。此后，在新民主主义革命时期，浏阳籍烈士超过两万。

昔日的浏阳青石板小巷，早已成为车水马龙的大街。随着城市的发展，城里的许多遗迹已经不再。唐才常的故居荡然无存，谭嗣同故居仅仅保留了很少的一部分。咸丰九年（1859年），谭嗣同的父亲谭继洵考取进士，买下了原属周姓的祠堂作为私邸。经过几番修建，成为现存的庭院式民宅建筑。在谭继洵任湖北巡抚时，皇上敕封谭宅为“大夫第官邸”。

尽管“故居”门外车马喧嚷，与浏阳最繁华的步行街只有一墙之隔，但匆匆而过的行人眼里它很难被注意到。不过来访者仍然能透过历史读出那份宁静中的威严和肃穆。简洁朴素的阁楼，安静恬然的雕花门窗，洒满阳光的庭院，都仿佛在静静等待着他们主人精神灵魂的回归。

进门处，是谭嗣同的半身雕像，剑眉下那双如电的眼睛，炯炯有神，直视前方，其嘴唇紧抿，充满阳刚之气。铜像两旁悬挂着中国楹联协会创始人马萧萧书写的对联:“横刀向天，英雄血洒菜市口；坚脊如铁，赤子神飞浏阳河。”

谭嗣同的书房和卧室里，那些蒙上历史厚重灰尘的暗红色家具静静地摆在原处，仿佛它们的主人刚刚离去一般。

事实上，谭嗣同出生在北京，不过他的根在浏阳，他深爱家乡，将浏阳冠之以“东方小瑞士”的美名。13岁时，他第一次回到家乡。他在浏阳随名儒读书，在浏阳结识了肝胆相照的朋友唐才常，在浏阳开始了变法维新的实践。这位近代中国著名的政治思想家，不仅公开提出废科举、兴学校、改官制等变法维新的主张，更通过《仁学》等著作向中国的正统儒家伦理发起激烈的挑战。为此，谭嗣同让家中的大脚仆妇上街游行，用实践证明不缠足的好处。此外，他在浏阳开有煤矿，探索着实业救国的道路。

1898年夏，谭嗣同离开家乡北上赴京，参与领导“百日维新”；9月28日，喋血北京菜市口，留下“我自横刀向天笑，去留肝胆两昆仑”的《狱中题壁》。轰轰烈烈的戊戌变法昙花一现。出师未捷身先死，长使英雄泪满襟。谭嗣同慷慨赴死的勇气此后激励着无数革命青年，谭也被视为中国“真男儿”。殉难之后，谭嗣同的夫人李闰继承丈夫遗志，办女子学校，建育婴堂，在浏阳终老一生。1917年春，风华正茂的毛泽东来到浏阳，他在这里瞻仰谭嗣同祠。十年之后的9月，他再一次来到浏阳时，已成为一名领导秋收暴动的革命者。

唐氏宗祠

1900年夏，33岁的唐才常戴着铁镣、面无惧色地走向刑场，在生命的最后一刻，他心念殉难的战友谭嗣同，口出一联："七尺微躯酬故友，一腔热血溅荒丘。"

唐才常因发动自立军起义，成为戊戌政变之后从改良转向革命的标志性人物。自立军起义不是改良主义的尾声，而是革命的起点。

唐才常是谭嗣同肝胆相照的同窗朋友，两人英雄相惜，曾在共同署名的《上欧阳中鹄书》中称："才常横人也，志在铺其蛮力于四海，不胜则以命继之。嗣同纵人也，志在超出此地球，视地球如掌上，果视此躯曾虮虫千万分之一不若。一死生，齐修短，嗤伦常，笑圣哲，方欲弃此躯而游于鸿蒙之外，复何不敢勇不敢说之有！一纵一横，交触共括。"光绪十二年（1886年），唐才常19岁，

唐才常像

经县、府、道三级考试，均名列第一，称“小三元及第”。旋就学长沙岳麓书院，并在校经书院附课，鄙视八股章句，究心经世致用之学。1891年冬，任学署教读并兼阅卷。两年之后，他回浏阳，在欧阳中鹄家塾教读。次年春，唐入武昌两湖书院。

中日甲午战争时，唐才常备受刺激，他指斥《马关条约》为“所约条款，非是和倭，直是降倭，奸臣卖国，古今所无!”因此发奋研究各国政治外交情况，成为一名崇尚经今文学、好论“托古改制”的人士。1898年夏，唐才常欲赴北京参与新政，行至汉口，得知慈禧太后发动戊戌政变（9月21日），遂先返回湖南，继而周游香港、新加坡、日本等地，联络侨胞。在东京，他拜会了康有为，与康梁等共谋救国之策。1899年，唐才常返回上海，创“自立会”，主编《亚东时报》；旋于汉口谋发动自立军起义，事泄被捕，就义于武昌紫阳湖畔。

唐才常与谭嗣同并称为“浏阳二杰”，但浏阳除了以他名字命名的一街一广场外，没有其他纪念场所，一般市民对他的生平事迹知之甚少。2011年2月，萍浏醴地区的两万多唐姓人自发筹资80多万元，将金刚镇丹桂村的唐氏宗祠筹建成唐才常纪念馆。

“我们在两年前就开始筹划要建唐才常纪念馆，去年工程已经有了开头。”2010年1月25日，精神矍铄的81岁老人唐隆养与村民们坐到了一起，他奔波操劳了两年，为联络分散于各地的唐姓人，发起号召、筹集资金，前一天工人们才暂时停工，回家过年。

“唐才常的老家不在金刚，而是西乡，我们是从西乡迁过来的。”唐隆养说，选在这边建馆，是因为这里有一个历史悠久、至今保存的唐氏宗祠。

唐隆养说，族人心中，唐才常值得敬仰，因此倡议一发出，金刚、西乡、唐

唐才常与谭嗣同并称为“浏阳二杰”。浏阳除了以他名字命名的一街一广场外，还于近年筹建唐才常纪念馆。图为浏阳市内的才常广场，是市民喜爱的晨练、休闲场所（摄影•朱志云）

家洲还有萍醴地区2万多唐姓人筹集资金80多万元，支持祠堂修复及纪念馆兴建。

唐氏宗祠位于金刚镇丹桂村清江片青山组，距离它100余米是江南庄园式民居建筑博物馆——桃树湾民居，两处典型的清代建筑矗立于青山绿水村舍间，成为一道独特的风景线。翻开《唐氏族谱》，上面记录唐氏宗祠始建于清道光癸巳年（1833年），坐北朝南，整体矩形布局，前后两栋，面阔五间，两侧各列厢房等，占地面积1055平方米。

如今，宗祠仅存前栋，但高12米、长68米的门庭依旧气势恢宏。抬头可看到流线优美、结构相称的飞檐，檐角雕刻着福、禄、寿三星图、浅浮雕刻花鸟图，画面典雅生动，线条遒劲豪放，反映出唐氏先人对美好生活的向往和追求。祠内山墙上还存有清道光十三年及十九年青石碑刻，上载家庙修建事记及捐款名录等。

唐才常纪念馆现规划于唐氏宗祠的后栋，已建出了雏形。唐隆养的孙子，在湘潭大学土木工程系读大四的唐元洪走进大门，微微皱起了眉头，“这个完全是现代建筑，连砖都是红砖”。他很认同村民们在做的这件事，因为唐才常必须被后辈们所了解，但目前建起来的建筑显得十分不“专业”。“如果有更好的设计图纸或专家来指导就好了”，他说。

浏阳深处

浏阳河逝者如斯，这里是烟花之乡，每晚都要试放烟花。烟花把城市的每天都变成了节日。

欧阳予倩的故居在人民路的小巷深处。与凤凰古城中的沈从文、熊希龄、黄

百年前输出革命火种的浏阳，如今以制作烟花鞭炮久负盛名，素有“鞭炮之乡”之誉，这里每晚都要试燃烟花（摄影·谢卓勋）

永玉一样，浏阳古城中的谭嗣同、唐才常、刘人熙、欧阳中鹄等名人，都有着这样那样的亲戚故旧关系。

谭嗣同曾经拜欧阳中鹄为师，跟着他读书多年。欧阳中鹄就是欧阳予倩的祖父。唐才常是欧阳予倩的蒙师。欧阳予倩小时候经常跟着谭嗣同、唐才常玩耍。唐才常是这样回忆谭嗣同的："我曾看见他蹲在地上，叫两个人紧握他的辫根，一翻身站起来，那两个人都跌一跤。"

浏阳以几位先贤的名字命名了好几条街道：嗣同路、才常路、达峰路。命名的时候，这些街道都是浏阳最繁华的地方，烈士的名字与浏阳老百姓的生活完全地融为了一体。2011年初秋时节，我匆匆走过嗣同路、才常路。嗣同路上飘荡着特有的浏阳蒸菜香味，以人间烟火味道的亲切方式融入当地生活。外地人和当地百姓在这里可以吃到地道的浏阳蒸菜，5~10元一钵的价格，样式精致又花销不大。

才常路则是菊花石雕一条街，在这里可以欣赏到美轮美奂的菊花石雕精品。谭嗣同故居就在才常路上。最好的朋友，在死了之后，他们的缘分依然未了。这些年，名称依旧，街道依旧，然而随着城市的扩张，总觉得在一栋栋拔地而起的高楼映衬下，这些街变窄了，道路变短了，房屋变矮了。先烈们不会知道，他们心目中的昔日"东方小瑞士"，今天已经成为"中国百强县"。

"江海狂澜尽东倒，却输浏水尚能西。"也许浏阳河给了浏阳人一种独特的精神，这种精神在谭嗣同的"我自横刀向天笑"里，也在唐才常的"六尺微躯酬故友"中。

会馆里的慷慨悲歌

■李　翔

> 两千年来之政，秦政也，皆大盗也。
>
> ——谭嗣同《仁学》

“谭嗣同住哪里?这是浏阳会馆吗?”推开门，我问道。

木头框架嵌着玻璃，这是门。门前有厚重的军绿色的帘子，为的是抵挡北京冬天的寒气。门内坐着这户的主人，老太太正在铁制的火炉前取暖。因为年龄大而视力衰退，她带着一副镜片为椭圆形的眼镜，布满皱纹的脸，像是被揉成一团而后又舒展开来的纸张。“西院。”她吐出两个字，再也不愿多说。我问得孟浪，而老人答得却极其自然。我想，如果把谭嗣同换成“李建国”，这问答的语气神情该不会有任何改变。

谭嗣同当然已经不住这里了。我知道。可这是默契。这种默契是被众多来访的人训练出来的。能够寻到这个地方的，必然是想要来找谭嗣同和浏阳会馆。尽管这并不能带给这院子丝毫好处——唯一的好处可能就是在修建菜市口大街时，拆毁了整条北半截胡同而仍然保留了这家已经成为大杂院的浏阳会馆，这造成了菜市口大街经过此地时稍稍弯曲——仅仅是在院子的门前镶嵌一块牌子，好像给来寻觅古迹的人指路般的标明，这正是谭嗣同在戊戌变法期间住过不到40天的居所。

107年前，谭嗣同正是从南城的浏阳会馆走出来，夜访东城的法华寺。法华寺中住的是新军领袖袁世凯。距离浏阳会馆仅十分钟路程的南海会馆中，住着康有为。另有人认为，当时梁启超也寄宿在康有为所在的南海会馆。

康有为和梁启超在事后分别记述了这场会谈。法华寺的袁世凯后来也在上海《申报》上发表的《戊戌日记》中做了另一种不同的记述。无论这三种叙述谁为真实，谭嗣同回浏阳会馆时，脚步必定是轻盈的。“若皇上在仆营，诛荣禄如杀一狗尔。”生性豪侠的谭嗣同必定在这次夜访之后到南海会馆见了康有为和梁启超，不然，康有为和梁启超怎会在日后写出这同一句袁世凯的豪言壮语?

“谭嗣同住哪里?”那个清晨来捉谭嗣同的清兵是否也问过这个问题?浏阳会馆所在之处并不好找，除了谭嗣同的浏阳老乡和经常出入谭宅的变法志士，谁会留意这个位于南城一个小胡同内的会馆?

变法失败，自然无话可说。选择留下，谭嗣同也不会多言。他只是早早起床，

位于北半截胡同41号的北京谭嗣同故居，原为湖南浏阳会馆，是谭嗣同19世纪末在京时的住所，也是事败被捕之处。谭嗣同出生地，亦在北京城南孏眠胡同（摄影•王牧）

煮茶读书，开门迎宾而已。“谭大人，上面奉旨，拟请大人到部里走动一下。”在李敖的《北京法源寺》中，前来缉捕谭嗣同的清兵对正在品茶的谭嗣同如此说。一声谭大人，却不知后世读史者有多少人慨然泪下。慷慨赴死易，从容就义难，而谭嗣同的举动却是同时具备了慷慨赴死的豪气与从容就义的风度。

浏阳会馆莽苍苍斋内住着的谭嗣同、南海会馆七树堂内住着的康有为和梁启超，这三人当是变法的核心之人。从莽苍苍斋内捕走了谭嗣同，可从南海会馆却只捉到了康广仁。谭嗣同是留者，留者必死，但是“不有死者，无以召后起”，康有为和梁启超是行者，走掉的人要承受的是后世的诽谤，然“不有行者，无以图将来”。性格中有侠义之风的谭嗣同，把去和留的理由，都说得明明白白。

而距离浏阳会馆不过数百米的菜市口，正是谭嗣同的死所。死所比邻生地，倒方便了浏阳会馆中老家人为自己收尸。谭嗣同面对这种巧合，当淡然一笑。谭嗣同当日回到浏阳会馆，这所父亲调任湖广总督时捐献出的旧宅，当是怀有何等的鸿鹄之志。可转眼之间，所有的雄心壮志和这会馆内的旧物，都将幻化成不可及的记忆。

菜市口大街两侧相距很近的两家会馆，成为戊戌变法的策源地。而说到会馆，多少人又是从会馆起步而最终名震京华？道光年间，一位名叫曾子城的湖南同乡踏进了同一条胡同中的另一所会馆——长沙会馆。他只是一名进京赶考的举子而已。可忽而20余年过去之后，曾子城以“曾国藩”之名闻名于世。他是中兴重臣，又是理学名家，自然名扬后世。而谭嗣同呢？《仁学》传于何人？变法有何成效？那个同乡后人李泽厚，真的解读了谭嗣同在会馆中的思想吗？

“谭嗣同大概是中国近代最富哲学气质的思想家之一。他企图提供一个比较完整的世界观，作为变法维新运动的理论基础”，“谭在中国近代应是激进派和激进思想的最早代表，他才是辛亥革命和五四运动的真正先驱。”李泽厚在他的《中国近代思想史论》中解读谭嗣同思想时这样写道。

谭嗣同却无暇顾及这些，他怎能预料辛亥革命和五四运动，怎能预料热诚想要帮助维新人士的日本后来发动的大规模侵华战争，怎能预料后来的一切？“有心杀贼，无力回天，死得其所，快哉快哉！”谭嗣同所能做的，只是这般慷慨赴死。据谭嗣同的老家人说，谭嗣同死状惨烈。

数十年后，在北半截胡同浏阳会馆之后的南半截胡同绍兴会馆内，一位身材低矮、神情严肃的绍兴人写下了这样的文字:“会馆里有三间屋，相传是往昔曾在院子里的槐树上缢死过一个女人的，现在槐树已经高不可攀了，而这屋还没有人住；许多年来，我便寓在这屋里抄古碑。客中少有人来，古碑中也遇不到什么问题和主义，而我的生命却居然暗暗的消去了，这也就是我唯一的愿望。”

绍兴会馆和浏阳会馆，相距仅仅数十米。鲁迅和谭嗣同先后客居两会馆的时间，相距不出30年。纵马江湖快意恩仇的谭嗣同的生命，断不会“暗暗的消去”。往昔在绍兴会馆院子里的槐树上缢死过一个女人；而往昔在院子前的浏阳会馆内，慷慨悲歌过一位男人呢！

这慷慨悲歌与鲁迅和钱玄同在绍兴会馆内进行的铁屋的谈话有何关联？只是这铁屋的谈话却产生了一系列的经典作品，其中就包括《狂人日记》，“但我的来做小说，也并非以为自己有做小说的才能，只因为那时是住在北京的会馆里的，要做论文罢，没有参考书，要翻译罢，没有底本，就只好做一点小说模样的东西塞责，这就是《狂人日记》。”

那缢死过的女人所住的屋子，也就是鲁迅居住八年的屋子，早已坍塌。从绍兴会馆和坍塌的屋子走出来的，是那个以鲁迅之名闻名于世的绍兴人周树人。初来北京，以外乡人的身份客居京城，自然就选择了会馆。因为会馆是起飞的场所，是精英的传递器，是他们移动的故乡。等到羽翼丰满，想要一举成名天下知，又要走出会馆。

浏阳会馆内走出了谭嗣同，慷慨赴死；南海会馆内走出了康有为，狼狈渡洋；绍兴会馆内走出了鲁迅，扬名后世。他们分别居住在以自己家乡的名字命名的会馆之中。而北京近400家的会馆中，走出了多少这般的人物。比如说，初到北京，想要靠写点子来谋生的沈从文是住在家乡会馆的，因为无需掏钱，这对一个刚到北京的乡下少年，该是多大的诱惑。不经意间，无论在精神上还是物质上，会馆成为广袤国土上连接“故乡”与“异乡”的螺丝，它是移动的故乡，是会随人漂泊的故土。

在异乡的会馆，其实扮演着他乡的家乡的角色。在物质上，它安抚那些暂时无处可去的雄心勃勃的外来者；在精神上，它更可以满足外来者对家乡的依恋，同时像大地之神对安泰提供能量一般，给这些他乡的漂泊者们慰藉和力量。而这些漂泊者们竟也自觉地按照地域把自身同他者区分开来，至少在会馆中。因此，即使是显赫如李鸿章、李鸿藻兄弟，也要发起筹建安徽会馆。

由于这层关系，在显赫都市中的大多数会馆，都能跟着会馆中住过的显赫人物联系上。这些会馆总是不经意地在历史上闪过自己的身影，丝毫不刻意。比如北京虎坊桥附近的湖广会馆，孙中山就曾经在此召开国民党的几次代表大会。

所有的外乡人，他们总是在走进会馆，继而，走出会馆，无论走出的是谭嗣同、康有为还是鲁迅、沈从文。不幸的是，在会馆云集的北京——在宣武区一区即有将近400家会馆，人们对会馆的保护并不太在意，除了有商业利益在内的湖广会馆之外，大多数会馆不是被市政工程拆毁，就是成为大杂院。这种古老的乡土秩序观，终究没能抵挡得住历次社会运动的冲击和随后的经济建设狂潮。

旅顺口的陷落

■陈　鲲

> 自海陆交绥，而日无不胜，俄无不败，于是俄国人民，乃群起而为立宪之争，吾国士夫，亦恍然知专制昏乱之国家，不足容于廿世纪清明之世界。
>
> ——《东方杂志》之《中国宪政之起源》

危机

甲午战争宣告了清廷洋务运动的失败。战败的清廷不仅面对日本索要辽东、台湾的要求，还要面临着2亿两白银的巨额赔偿，虽然有法、德、俄三国干涉还辽，辽东侥幸没有割让日本，但是还需要清廷另付3000万两白银赎金。可怜清廷想以提高关税来偿付，但是遭到了向中国倾销商品正带劲的英国的激烈反对。走投无路的中国政府只好和沙俄、法国的银行团签订了总额4亿法郎的《中俄四厘借款合同》。这给了沙俄以经济控制清廷和窥视旅顺的机会。

中国东北的旅顺是辽东半岛上的皇冠，俗话说：一山担两海，一港写春秋，一个旅顺口，半部中国近代史。从旅顺口远眺黄海，鱼帆隐没，翩如白羽，这里更是远东屈指可数的温水良港。1897年10月，德国以200名士兵突然占领了青岛，这激发了沙俄的胃口。12月15日，一只沙俄分舰队也照猫画虎，打着要保护中国、监视青岛德军的旗号，开进了旅顺。1898年3月，经过沙俄外交官们的一番恐吓和行贿，清廷干脆和沙俄签订了《中俄旅大租地条约》，正式将旅顺口、大连湾及水面租借给沙俄25年。这使沙俄获得了梦寐以求的太平洋上的温水港。消息传到圣彼得堡，沙皇尼古拉二世也不禁说道：事情如此顺利，甚至难以置信。

1898年7月，中俄签订了《中东铁路支线合同》（也就是《南满铁路合同》），沙俄拥有了在辽宁的筑路权、采矿权、伐木权、驻军权。沙俄在修建军事要塞和铁路的过程中，肆意强占辽东居民的田地、房屋，铁路附近居民倾家荡产，对此痛恨不已。不久，沙俄军队趁着1900年的义和团运动，入侵东三省。虽然在1902年中俄签订了东三省交收条约，但是沙俄到了1903年4月的规定撤军日期还是赖着不走，大肆宣扬所谓的黄色俄罗斯计划，最后竟然无耻到了向清廷提出7项要求，想从法律上把东北变成自己的势力范围。

4月27日，拒俄运动首先在上海爆发，示威的人群给清廷外务部和各国外交部写信，说即使政府承允，我全国国民万不承认。很快，示威变成了全国运动，北京、武汉、南昌、广州、杭州、福州等地的学生、教师及留日学生纷纷上书外务部。在国内压力和美英的反对下，清廷最终没有签署新7条，但对清廷已经极度失望的激进派（如章炳麟）还是在群众集会上公开喊出了革命的口号。

而1901年1月处在内忧外患、风雨飘零之中的清廷也准备取外国之长，去中国之短。在当年4月，成立了以奕劻为首的督办政务处，筹办新政。新政的核心就是练兵，练兵的用意正如奕劻所言，不过是为了“拱卫京畿，弹压余匪，更无他意”。此时的清廷除形同百姓的八旗绿营和暮气已深的湘淮军以外，只有刚刚开始训练的少量新军，驻军内地，维护统治基础都远远不够，对付洋人只是采取拉一个打一个的对策苟延残喘。此时，清廷的主要策略就是联俄抗日。

而日本人则在酝酿着一次针对俄国人的大动作。

血战

甲午战争后的三国干涉还辽，令野心勃勃的日本决心卧薪尝胆，扩军备战挑战沙俄的权威。为了孤立沙俄，壮大自己，日本在1902年1月与英国签订了《日英同盟协议》，开始公开反对沙俄驻军东北。1903年春以后，日本海军、陆军省和总参谋部里充满了要求开战的狂热气氛。1904年元月，在得到英美开战后给予贷款的支持之后，日本决定动手。

2月5日，联合舰队司令长官东乡平八郎海军大将接到了开战的密令。2月6日，日本舰队驶出佐世保军港，进入浩瀚的黄海，向旅顺掩杀而来。

为了维护这个沙俄帝国在亚洲的窗口，沙俄经过整整两年的地理勘探和设计，决定把旅顺修建成一座不可攻破的要塞。从1900~1903年，6万中国工人和沙俄技术人员，从黄金山到鸡冠山的9公里地段修建了海防线，从劳律山到老铁山的25公里地段修建了68座炮台和堡垒，配置大炮542门，前沿阵地是大孤山、小孤山和203高地。在孙家沟还修有一座军用发电所。所有的堡垒和炮台都用铁丝网、陷阱、地雷以及大量的步兵掩体来保护。

此外，沙俄的财政收入是日本的7倍，海军是日本的3倍，陆军是日本的10倍。看起来，日本处于绝对的劣势。但日本有一个优势，就是沙俄从欧洲调兵到奉天需要至少70天，而日军最多只需要40天就可以通过朝鲜到达奉天。日军要的就是以集结速度快来各个击破。但双方悬殊的实力，还是让东乡平八郎大声嘶吼着：此次战役，实国家安危之所系，你们诸官要共同奉戴皇威，即使粉身碎骨，也要歼灭敌人。

2月8日23时，日本舰队的前锋驱逐舰队趁着夜色偷偷潜入沙俄舰队的旅顺军港，旅顺军港东面是黄金山，西面是老虎尾半岛，口小屋子大。很快，猛烈的鱼雷攻击就开始了，战争突然爆发。

无可奈何的清廷在2月12日发了一份上谕，大概意思是说为了朋友交情，顾全大局，我们要中立。由于东三省辽西还在清军手里，清廷派了马玉去驻防，沙俄恫吓说：清廷胆敢驻军辽西，沙皇就派3万军队去驻防北京。清廷赶快收兵，退回关内看戏了。

居住在茅草土房子里的中国居民刚刚小心地捧起棒渣粥，骤然间发现家乡旅顺变成了杀器横行的地狱。夜色中一个又一个的家庭抛弃了堆满木柴和苞米的家业，匆匆踏上了不知明天的逃难之路。

旅顺要塞攻坚战的两位男主角是两位“中国人民的老朋友”，一位是八国联军里带沙俄军队抢劫了北京皇宫的施特塞尔，一位是甲午战争中攻城略地的日军前旅团长乃木希典。

沙俄军队在旅顺要塞的防御主要是3段，第1段是东起白银山，沿大孤山、小孤山，西到龙河，第2段是龙河到羊头山，第3段是羊头山沿203高地、夹山、营山到白狼山。驻军为弗克中将带领的精锐而野蛮的东西伯利亚第4步兵师、康特拉琴科的第7师等41780名俄军，另外还有太平洋舰队的12000名水兵，要塞司令官是斯米诺夫中将，实际指挥是斯特赛尔中将。俄军拥有646门大炮和64挺重机枪，以及274558发炮弹。参加进攻的日本第3军下辖第1、9、11师团，2个预备旅团，野战炮兵第2旅团，合计48000人，大炮386门。

1904年8月19日，日本陆军第3军对旅顺要塞发动了第一次总攻击。在猛烈的炮火掩护下，日军开始对俄军堡垒进行昼夜不停地反复冲击。但是日军的大炮在东面的大孤山，被黄金山挡住了视线，也无法观察旅顺全境，所以基本上全部都是盲打，沙俄军在阵前的铁丝网、电网以及后面形成各种交叉火力的小地堡，让日军很是头疼。

此战日军炮兵火力压不住守军也是一个主要原因，日军主要火炮是75mm法式野战炮，命中沙俄军的大型永备钢筋水泥工事就像抓痒痒一样。而沙俄永备炮垒里的10英寸巨炮发射的大炮弹，则如同疾驰的火车一样轰灭着外面的日军。因为

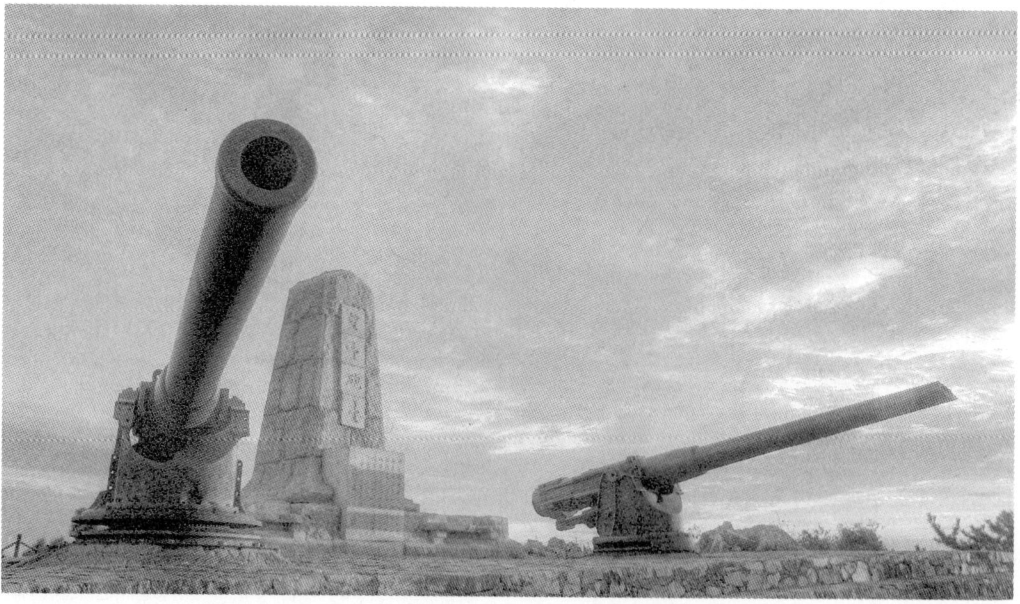

望台炮台位于旅顺口东北，为东线制高点，与西线 203 高地遥相呼应，是日俄争夺旅顺的最后战场。因遗留山上的两门俄军残炮而被当地人称为“两杆炮”。1905 年元旦，日军攻占望台炮台，宣告日俄旅顺陆战结束（摄影•林辉）

一发10英寸炮弹起码可以把100米以上的区域变成无人区。

1904年8月21日，日军第11师团的一个大队发动夜袭，冲到东鸡冠山北堡垒外壕前，才猛然发现自己带的竹梯子太短了，无法当桥用，但他们依然勇猛地跳进有很多尖木桩的壕沟，继续冲击。这时，壕沟里的机枪突然开火了，几百名日军不是被木桩扎死，就是被突如其来的从墙壁上的枪眼发射的机枪子弹打死了，日军被打得毫无还手之力。此战一直打到8月22日天亮，日军死伤无数，没有取得进展。

8月24日中午，日军第11师团发了疯似的把第22联队和第44联队列为敢死队，向这一方向的俄军东面防御制高点——位于旅顺东北方向的望台进行强行突破，

昔日战场成为市民游憩场所，图为当地男生在椅子山堡垒残垣断壁上的留影。甲午战争期间，清军与日军曾在此交战；日俄战争期间，俄军与日军也曾在此激战（摄影•林辉）

日军高呼万岁，冒着密集的枪林弹雨和俄军居高临下砸来的手榴弹向上猛烈冲击，以争取快速抵进使用炸药包爆破。而俄军则把海军的120门火炮和2267名陆战队员调上了岸，进行侧防。沙俄的军舰也进行了广泛的炮击，战列舰“列特维赞号”还击中了日军的一个弹药库。

第一次总攻击失败后，日军改变了地面强攻的战术，开始挖掘地道和壕沟，以接近203高地的毛子堡垒，这时的203高地在无数炮弹的肆虐下已经没有树木了。10月1日，18门从东京湾要塞上卸下来的280mm榴弹炮被运送到了旅顺外围的日军手里（全日本的海岸要塞一共有140多门280mm榴弹炮）。炮击在当天就开始了，日军先制作了一张布满小方格的地图，一个格子、一个格子地集中炮击，最后轰击了沙俄的军港。

现在在千松耸立的203高地，已经是一座杂花生树，日暮如烟供游人漫步，眺望到极远处的公园。但很多人来到这里自然而然就想起了1980年日本导演舛田利雄执导的战争大片：《203高地》。

当年10月26日的下午，天色昏暗，日本士兵们紧张地在战壕里吸着香烟，随着冲锋的口令，日本步兵对203高地发动了攻击，日军的第2次总攻开幕了。

在203高地上，特列齐亚诺夫的沙俄军西伯利亚第5狙击团，在日军冲出交通壕距离堡垒100~200米的时候，将机枪、步枪和火炮一起开火，顿时打出了火雨。没处躲没处藏的日军匍匐前进，但是东侧俄军诸炮垒的炮火同时打来，与高地上的机枪组成十字交叉火力。许多炮弹在空中就爆炸了，硝烟把太阳染成了绿色，密集的枪弹和榴霰弹夹杂着爆炸声劈面而来，洞穿和撕裂人的躯体，血肉横飞。

日本国内对于战局很烦躁，天皇为此召开特别御前会议，满洲军司令部决定将攻击重心由东线转向西线203高地，并派满洲军总参谋长儿玉源太郎亲临督战。

位于旅顺东北方向莽莽苍苍的东鸡冠山现在是辽宁省的文物保护单位，在这里还有一座规模不大的日俄战争纪念馆。日军发动第2次总攻击的时候，日军第11师团的一个步兵大队不顾死活用炸药爆破了东鸡冠山北堡垒侧防暗堡的胸墙，把点燃的麻秆仍进了地道里，随后就乘着烟幕猛冲进去，但是冲进去的几个中队都被沙俄重创，还是没有打开突破口。第2次总攻击再次失败。

这回日军使出了步兵的绝技，就是把地道挖到沙俄的眼皮底下，最后再进行炸药爆破，打开突破口，以炮兵轰击掩护步兵的冲锋。在一个月的时间，日军在岩石层艰难挖掘着。由于旅顺港已经被日本海军封锁，沙俄军已无退路，这也激发起了俄军极大的战斗热情，他们与日军进行顽强的坑道爆破战。日军用平濠和近战工事逐步推进，以掩护地道，距离高地上的沙俄军只有30米了，此时焦急的明治天皇给乃木希典发来了电报，提前预祝第3次总攻击成功。

沙俄波罗的海舰队出现在印度洋的消息，迫使日军必须要尽快攻克旅顺，以解放出封锁旅顺的联合舰队，使其与沙俄舰队做最后的大决战。日军将国内的第7师团也拉到了旅顺。

11月26日，日本第3军开始第3次全线总进攻，首先攻击的是松树山、二龙山、东鸡冠山堡垒。日军各个部队连续使用炸药包不间断地对沙俄堡垒进行爆破，但是进展依旧缓慢。

乃木希典亲自举起酒杯为由中村将军带队的2600名在身上绑着白布带的白襻队送行。11月26日20时50分，日军发动夜袭，沙俄炮台和水兵在探照灯配合下使用马克沁机枪猛烈扫射日军，随后紧急增援的沙俄3个水兵连从日军背后发动逆

❶旅顺老铁山与山东蓬莱田横山之间的连线，为渤海与黄海的天然分界线。老铁山角，为辽东半岛的尖端，是同时领略黄海、渤海风情的好去处（摄影·王牧）

❷旅顺口区三里桥的苏军墓是中国境内最大的埋葬外国人的公墓，为 1945 年苏军进驻旅顺后，在原沙俄公墓的基础上扩建而成。整个陵园以坐落在中心的纪念塔为界，分成东西两部分。东部主要安葬苏军官兵及其家属；西部是原沙俄公墓，距今已有百年历史（摄影·林辉）

❸日俄战争期间，战壕战和肉搏战成了第一次世界大战的预演。图为俄军堡垒的一个战壕里，堆满了日本士兵的尸体。这场在中国港口的争战，俄国投入兵力 50 万人，日本投入兵力 40 万人（摄影·林辉）

袭。日军死亡780人后被迫撤退。

11月28日，日军再次向203高地发动了攻击，280mm榴弹炮对阵地上的铁丝网、交通壕和堡垒进行了猛烈轰击，把203高地打成了一座火山。日军第1师团、第7师团反复发动攻击，虽然这里只是一个长不足250米、宽仅30余米的山头，但大家都知道这里太重要了，沙俄海军的舰炮也对向203高地冲击的日军进行了覆盖式炮击。

日本第3军司令官乃木希典将军的儿子乃木保典就是在第3次总攻击203高地时战死的。增援而来的日军第7师团出动14个大队，在11月30日上午10时对203高地和平顶山高地开始了进攻。到下午6时，203高地的43个俄军掩体部已经有41个被日军的重炮和爆破手摧毁了。日军和俄军不断在山上发生白刃战和手榴弹战，俄军指挥官特列季亚科夫也被打成了重伤。

12月2日，日军的一发280mm炮弹炸死了督战的沙俄康特拉琴科等9名军官，这重创了沙俄军的士气。

到12月5日，日军经过9天血战，几进几出，靠着刺刀硬是打下了203高地。当日军突击队冲进203高地后，只俘虏了一名被炮弹震晕的沙俄士兵，除了这一名生还者以外，203高地的沙俄狙击第5团全团都在这次血腥的战斗中阵亡。有了203高地，日军就可以把这里变成炮兵阵地，可以仔细地炮击旅顺军港了。

12月6日起，架设在203高地的日军重炮居高临下，不几天就消灭了港口内的沙俄太平洋舰队。

12月18日，日军第11师团继续爆破了俄军的第一道胸墙，在第二道胸墙与俄军激战，师团长鲸岛重熊亲自拔刀督战，在大量炸药的爆破下，日军在11时50分终于强攻拿下了东鸡冠山东堡垒群。

中国工商银行大连旅顺口支行大楼建筑物近现代以来的变迁，见证着城市从小到大、从开阔到拥挤的历程。现在这里只是该行的一个服务点，支行办公楼早已迁入新址（摄影•林辉）

1905年1月1日，旅顺要塞的俄军投降。1月13日，乃木希典带领的日军第3军进入旅顺。此次战役中，日军累计损失59000人，沙俄军也伤亡被俘52000人。列宁说：旅顺口的陷落给沙皇制度的罪恶作了一次伟大的历史总结。

风暴

当笔者从大连黑石礁客运站坐车到旅顺的时候，想一睹203高地的模样，怎么能惹得成千上万人不要命争夺。2005年才对外开放的旅顺不大，但很干净、安静，大多是6层楼房，典型的海边小城。

50元钱可以直接打车到203高地的半山腰。正想感慨一下，哪知道原来还要买票。其实游客并不多，门口也只有几个躲在树荫下的卖烤肠、老玉米的小商人。有点冷清。

登上203高地，山上现在有一个据说是日军留下的重炮观测所，一下子就看到了旅顺港。

从203高地，本来还想去看电岩炮台，可到了跟前发现谢客，已经被围起施工了。坐车回大连吃饭的路上，追想日俄战争对于一个受尽欺负的老大帝国所产生的如同巨石投池的心灵激荡，正是从这个时候开始，很多中国人被唤醒。

早在清廷割让旅大和给予沙俄在东北筑路权之时，国内已经引发了轩然大波。国民对清廷极其失望，也意识到清廷连发祥之地都可以奉于沙俄，还有什么是不能出卖的呢？要外御洋人，就绝对不能依赖这样的政府，要抵抗列强，就要革去卖国的旧政府，建设救国的新政府。

日本在东北的胜利，从一个侧面证明了落后的黄种人也可以打败强大的白人帝国，这对中国的革命派是个极大的鼓舞，他们认为日本以40年的经营，一跃成为头等强国，中国人为什么不能做到呢？而阻碍这一切的正是式微的满洲帝国和只懂得钻营的政府官员。

立宪派也从小岛国日本打败了长期欺压清廷的专横野蛮的沙俄帝国总结出了立宪则强、专制则败的理由。革命派很快对这个论调进行反击，认为清廷实际上就是洋人的守土官员，我等国民又是清廷的奴隶，且是二层奴隶，由于主权的大量丧失，中国实际上已经亡国了。

1906年，同盟会就在革命方略里公开宣称中国要进行民族革命与政治革命两场革命。

随着清廷甲午、庚子的战败和日本战胜沙俄的强烈对比，人民彻底丧失了对清朝的信心。清廷为了偿还巨额赔款债务和军费支出，除了正常的盐税、地丁粮税、田房契税、茶酒税和印花税以外，各地还有新税、附加税，比如捐米粮、蚕、丝、竹木、花布、烧酒、机器、印照、百货，还有厘捐、河口粮税、门捐，是无物不捐，遇物加抽，导致各地抗捐抢米骚动接连发生，规模大的动辄有十几万人参加，饥荒的灾民不断流入城市。

沉重的赋税、逃荒、骚乱、罢工、反教会……不断的骚动、怨恨之气在累积。英国社会党机关报说：黑铁已伤中国黄汉之心，赤血将洒神州白日之下，大风暴就要来临了。

洋书店——延陵巷

■ 许知远

奴隶以生，何如不奴隶而死？以吾一身而为我汉族倡不奴隶之首，其功不亦伟耶？

——吴樾《暗杀时代》

芜湖

“就是在这里”，老太太指着这间大韩日化杂货店说。我在这芜湖长街走了好一段，问了一家又一家——陈独秀当年办书店、闹革命的长街二十号在哪里？

沿青弋江而建、从鱼市口至长江口的这条由红色麻石和青石板铺就的小路，曾是芜湖繁华中心，号称十里长街。街两旁是林立的商铺，贩卖着来自全国各地的货物。因为被开辟为通商口岸，和长江航运的日益发达，19世纪末与20世纪初的芜湖曾是南方最繁荣和开放的城市之一。西方的商人与传教士纷至沓来。他们给本地带来了被入侵的屈辱，但也带来了种种新事物和新观念。美孚公司的洋油，勾人魂魄的照相术，悬挂着米字旗的鸣笛汽轮，还有声称能拯救灵魂的耶稣，人们习惯在每一个新事物前加上一个“洋”字，“洋油”、“洋火”、“洋布”，还有“洋大人”，它们都代表一个更强大的力量……

长街二十号的店铺，就是一家“洋书店”，它叫芜湖科学图书社。这里没有《三字经》、《千字文》、《大学》、《中庸》，有的是《申报》、《新民丛报》、《大公报》、《时报》、《东方杂志》，书籍则是翻译小说、人物传记，很多出自梁启超的手笔。店铺里也没有财神的龛笼，遇到特别节日不烧金银纸，甚至也没有“老太”的牌位。芜湖人都知道“老太”的威力，她是成精的狐狸，不能得罪。它还在门口安装大玻璃窗，夜晚时，“洋味道”还会更明显，电灯的光芒穿过玻璃门，亮堂堂的，而其他店铺只是昏黄的洋油灯。就连长街上随处可见的乞丐也能明白这一点，当他们在书店门口讨饭时，只要旁人说一声“这是洋书店”，他们顿时就前往别家了。

“洋书店”在90年代初的城市改造中被拆毁了，那时的陈独秀似乎仍生活在“托派分子”与“右倾机会主义”的阴影中，他的名声没能保存住它。热情的老太太已经70岁了，她在隔壁开一家衣物店，她的那个肤色特别白的女儿正熟练地给一个客人装一包褐色的手套。她家是长街不多的老房子，大概也是建于晚清了。她的父亲也是个生意人，在这里卖工厂所需的铜扣。他见过陈独秀，也向他的女儿谈起过他。“后面有一条窄窄的巷子”，老太太努力恢复起她记忆碎片，“清兵来抓他时，他就从后面跑走”。她挪动着矮胖胖的身材，带我们去看她的家。它的结构和陈独秀的洋书店一模一样，从外屋到里面有条狭窄、幽深的过道，没装灯，黑黑的，只靠出口的光线来照亮。堆满了成堆的衣服的走道，最终没变成时光隧道，老太太带着我们走到里面，再上楼，侧墙上已生满了青苔。

十里长街仍旧热闹，却不再是繁荣的中心，它甚至也不能说是十里了，一幢

❶陈独秀雕塑（摄影·钱东升）

❷陈独秀故居邻居阿婆（摄影·钱东升）

❶芜湖街头的现代建筑（摄影·钱东升）

❷芜湖长街（摄影·钱东升）

芜湖天主教堂（摄影•钱东升）

正在建的高楼生硬地截断了它，只有上了年纪的人才记得。一家接一家商铺，从床单、暖瓶、年画、卫生纸、电视机到文具，你能想象的关于生活的一切用品，这里都有。来这里逛的只是附近郊县的批发商了，他们将这里的货物再卖给乡下。每一家店铺都杂乱、拥挤，路面脏脏的，大家都习惯于在这种无序和简陋中生活。白墙灰瓦的旧楼几乎被拆光了，换上的两层砖楼——它们既没有过去，也没有簇新的将来，只等着被替代。只有广告牌是鲜艳和明亮的，半裸的白种男人与女人，这些不知从哪里找来的模特，展示不知从中国哪个偏僻工厂生产出来的内衣——它们都有个洋名字。

我们沿青弋江散步，它窄，水流很小，不比它的名字那样逸兴，两旁高楼拔地而起，都算是江景豪宅了吧。过了中山桥，再有200米就是长江了，它平静地流过。中江塔还残破地矗立在江边，不过一个崭新的透明怪物也矗立在它对面。

桐城

一声爆炸声后，9月24日的正阳门火车站从欢送气氛，转向了混乱、惊愕与恐惧。四个人已经死去，三位是送行者，而最惨烈的是制造爆炸的人，除去下半身被震碎，他的手足也断了，当场死亡。他穿着普通官差的布袍，头上是无顶官帽，像是一名普通的送行衙役。没人知道他到底是谁，他满脸血污，面目不清。

桐城会馆的一位住客第二天醒来，在一夜未归的吴樾的枕下发现了一封书信，上面写着“此行决实行暗杀，惟成否不可知。然我必死，我死不足惜。恐诸同乡因我而被累，可将我之行李移置他处，以免受嫌”等语。这是一次惊心策划的暗杀，除去留下遗书，吴樾吞食药品弄哑嗓子，一旦被俘，他不会说出任何情报。

五位大臣中的两位受了轻伤，送行的官员也受到影响。他们中最著名的两位是徐世昌和伍廷芳，日后是民国舞台上的重要人物。出洋考察暂时终止了，大规模的追查开始了，清廷因权威被挑战而深感震怒。爆炸也引起国际性的关注，第二天的《纽约时报》刊登了《革命党在北京车站引爆自杀炸弹》的新闻，刺杀者被定义为“无政府主义者”。该报评论说，“众所周知，俄国的无政府主义分子在大清国境内传播他们的教义已有一段时间了，而一个相信无政府主义观念的秘密团体也已在大清国成长壮大”。

刺杀者的面目经过药水洗涤后清晰了，警厅用玻璃匣载入，拍摄了很多照片，警员四处散发与探查。一直到11月，才有一点线索。桐城会馆的小女孩看到警员的照片，叫道这不是吴老爷吗？这张照片，是吴敬仲与吴樾唯一的联系。吴敬仲出生于1948年，他的父亲是吴樾的侄儿。据说，在那封著名遗书里，吴樾曾希望能将其弟弟的儿子，过继为自己的儿子，他虽然27岁了，却尚未成婚。这在中国南方是常见的行为，它保证家族内部的联系和延续性。他的朋友陈仲甫也过继给没有子嗣的叔父了。于是吴敬仲有了这样一个著名的爷爷。在桐城市老城的小巷里，我转了很久，很少有人知道吴樾的故居了。人们记得住张英的府第，因为他中过状元，还当过宰相。

至于方苞、姚鼐的故居，也不知何处。此刻的桐城是一座再普通不过的县级市，商业街上的一家接一家的店铺、中心广场丑陋的不锈钢雕塑、河畔的巨幅地产广告牌，只有那座仍旧素雅、端庄的文庙，稍微流露着这里的与众不同。在17、

吴樾雕塑（摄影·钱东升）

18世纪，这里曾是中国的文化中心，桐城学派制定了文章写作的标志，塑造了十几代人的思考方式，方苞、刘大櫆、姚鼐是其中最著名的三位。在某种程度上，桐城对于中国，就像19世纪的新英格兰之于北美，才俊集体性的涌现，交相辉映。

即使岁月早已将城市弄得面目全非，但午后的老城，仍能让人感到昔日的余韵。带着厚厚镜片的男人正摇头晃脑的走过，一家叫相府人家的小餐厅，老墙背后传来的低落的谈话声，还有被刷成蓝灰色的六尺巷，悠长而神秘。它曾是这座城市训练人们礼仪的场所，小巷太窄了，当有人走过时，双方必须侧身礼让，拥挤的中国需要这种相处之道。新的时代到了，含蓄让位于直白，在一面墙上，我还看到了红字的宣传标语：管好自己的嘴，不随地吐痰，不说不文明的话；管好自己的手，不乱画乱扔乱倒垃圾，不做不文明的事；管好自己的腿，不违反交通规则，不践踏花草树木，不走不文明的路。落款是胜利居委会。好一句“不走不文明的路”，它是这个时代的桐城派的文风吗？

这样一个城市，却产生了吴樾。我去小巷里的一家有着老式黑皮沙发的理发店问路。似乎生活太悠闲了，居民们需要通过理发来打发时间。一位热心的大妈帮助我们找到了吴樾的故居，“他还有个孙子呢”，她不忘提醒我。

从西后街拐到更窄的延陵巷，穿过布满了青苔的后墙，来到了一个长方形的院子。“吴樾烈士故居”，黑底蓝字的石牌就镶在一面墙壁上，石牌前的一株已枯萎的植物挡住了最后一个“居”字。院子里放了很多花盆，是茶树、白玉兰与兰花，晾晒的衣物杂乱地挂着与堆放着，狗闻到了生人气味，大叫不止。只看到一个年轻的母亲正哄着她的小女儿，她们见到我们进来，并不多问，可能早已习惯了游客的到来。“他去打麻将了，我帮你去叫他来”，热心的大妈说。5分钟后，吴敬仲站在我面前——一个乐呵呵的小老头，带着一顶黑色的鸭舌帽。他把我引进屋里，一起喝茶、吸烟，香烟的牌子是娇子，英文是Pride。屋里有点潮冷，他讲着自己一生的故事。他的父亲，也就是吴樾过继的儿子，1948年去世了，那时他刚出生不久，母亲则在他12岁时离去，相依为命的哥哥死于1968年。1970年时，他进入一家镇办工厂，做过钳工与刨工，他右手失去的中指，就是那段经历的记忆。他的两个儿子都已长大成家，他有了两个孙女。吴樾生前住过的老宅经过装修和改造，有了五间房，容纳一家八口。1981年，他第一次感受到他与吴樾的关系。那是辛亥革命70周年之际，他被请去参加相关的研讨会，也因此还当了三年的政协委员。

我们离去时，狗又吠了起来，一件鲜红色羽绒服在衣架上晃动。

吴樾故居旁的礼让巷（摄影·钱东升）

1907，绍兴之夏

■陈　祥

祖国沉沦感不禁，闲来海外觅知音。
金瓯已缺总须补，为国牺牲敢惜身。
嗟险阻，叹飘零，关山万里作雄行。
休言女子非英物，夜夜龙泉壁上鸣。

——秋瑾

大通学堂

大通学堂，在胜利西路边上，位于绍兴市环城西路的东侧。所谓环城路，即当年的城墙被整圈拆除后形成的道路。大通学堂距离城墙很近，它到环城河也就300米左右的距离，在胜利西路与环城西路交界处，诞生了古城绍兴最早的高楼——工业大厦。工业大厦是否为绍兴历史上的第一高楼，存在争议，因为对高楼的定义众说纷纭。在超过十层的大楼崛起之前，安装了电梯的9层楼算不算高楼呢？

20世纪90年代初期，拔地而起的工业大厦像个巨人一样傲视整个平矮的古城，缩在它脚边的大通学堂，默默无闻地挨过了整个90年代的市内高楼大建设时期。

进入21世纪，市区内已经见不到新大楼的施工了，市政府改变了城建思路，规定市区内禁止建造超过一定高度的建筑。对于大通学堂在内的老建筑们而言，这是一段枯木逢春的时光，名人故居、历史遗址、旧房最集中的老城区都在这时迎来了面貌一新的修葺。

与此同时，队伍日益庞大的外地游客纷纷来绍兴作短暂栖息。市政府在火车站、汽车站等一些进出城的交通要道上，挂起了宣传城市形象的广告，以旅游为主题，比如让本地人倍感无趣的“跟着课本游绍兴”。与大兴土木相伴随的，是政府在各项管理上的大铺张，权力之手越伸越大，市区内的人力三轮载客车开始进行统一管理，即收归国有化，由政府新增设的部门来统一管理，按月收份子钱。当然，比起出租车的份子钱来，只是一点微末。

于是，修缮一新的大通学堂门口，徘徊着、停靠着不少一模一样的三轮车。

绍兴环城河，外与浙东古运河、鉴湖相连，内与城区河道相通（摄影·陈晓）

游客们下了三轮，进了大通学堂，三轮车夫通常会担任起超级导游的职责。

大通学堂全名为大通师范学堂，是原来的贡院，所以近几年在一旁新盖的豪华小区打起“翰林越府”的招牌。学堂原先的规模比今日大多了，昔时占地面积3098平方米，建筑面积1754平方米，有50多间房屋。

今日的大通学堂，门面极不起眼，从胜利路上看，一溜围墙中开着一个小口，围墙内树木葱郁，遮蔽了墙内楼房的屋檐。推开大门进去，分为三进，第一进是门厅，正中挂有赵朴初提笔的“大通学堂”招牌；原先作为礼堂的第二进，开辟为光复会史迹陈列室，基本可以无视；第三进在1982年开辟为专门宣传徐锡麟的徐社。

大通学堂的创办者是绍兴东浦人氏徐锡麟。1905年，徐锡麟创办此校，以师范学校的幌子训练革命骨干成员，培育革命党的势力。1906年，徐锡麟为了潜入敌营，捐钱买官，翌年被任命为安徽省安庆巡警学堂监督。

动身北上之前，徐锡麟请秋瑾接管大通学堂。开学之际，绍兴知府贵福曾登门致颂词，贵福送的对联上写“竞争世界，雄冠全球”。这一年，也就是1907年，秋瑾多次去上海和杭州联络、动员学界和军界的人员从事革命。1907年7月6日，徐锡麟在安庆与老乡马宗汉、陈伯平一道起事，徐锡麟在巡警学堂的毕业典礼上枪杀安徽巡抚恩铭。学生军逡巡、无力，数量又少，起义马上就被镇压了。徐锡麟的心肝被恩铭的卫队成员们挖出烹食。在绍兴博物馆，固定展出徐锡麟的一件血衣和使用过的一把左轮手枪。

安庆之事一出，秋瑾通过阅读上海租界出品的报纸知道了噩耗。此时，坏事连连，金华府的革命党武装力量破坏殆尽，丽水方面音讯未到，嵊州的党人又不听指挥。在一片人心惶惶中，秋瑾力主等王金发在嵊州起兵后，绍兴城内一举响应。在焦急的等待中，与秋瑾有宿怨的地方绅士胡道南向官府告发，意指大通学堂图谋不轨，胡并不知道详情，在非常时刻仅凭秋瑾与徐锡麟等人关系密切这一点，也足以致命。

绍兴知府贵福之前听闻流言，说秋瑾和大通学堂学子如何如何，但一时无证据，经此一变，他从杭州请来巡防营的第一标，围捕乱党。

清军到来之际，学堂内情形混乱，学生们散去数十人，秋瑾不愿意撤离，束手被擒。学生有从后门渡河而逃者，后门的河流可以通过水门到城外，也有出前门抵挡清军者，交战规模极小，双方互有死伤。

轩亭口

胜利路东西贯通，解放路南北延伸，1949年以后几十年里，这曾是绍兴市最大的两条马路，构成了整个城市的主干道。这两个路名，在全国千百个城市里重复使用，使得多少道路与传统挥手告别。

解放路原名“绍兴大街”，在市区建设大开发之前的几个世纪里，绍兴人口边挂着的“逛大街”，就是专指此路，也别无去处。民国前，大街的西侧是山阴县，东侧是会稽县，两县合用一个城池。

从胜利路一直向东走，到了与解放路交接的路口。转入解放路向南走，会遇到一个叫做轩亭口的丁字路口，是解放路和府横街的交汇处。轩亭口在中国近代史上是一个分量不轻的地标，缘于秋瑾在此赴死。

这座基座呈正方形的纪念碑，高度为7米，于1930年落成。朝西的那一面是正面，上有蔡元培撰、于右任书的《秋先烈纪念碑记》。朝南的一面，有张静江书写的“秋瑾烈士纪念碑”，七个被描了金的大字如一道瀑布挂在碑上。

根据清人所著的《越中杂识》，此地原来坐落着“侯轩亭”，由唐朝的浙中观察使李绅所建，并于亭子前筑有大楼，但亭和楼早已不见踪影。当年，官衔高于知府的李绅来到此地，将坐车停放在“侯轩亭”中，这种有帷幕的坐车，即被称之为“轩”。李绅留下的亭楼和他的吏治行为，早已淹没在历史深处，但他留下的《悯农诗》，却是传诵千年。“锄禾日当午，汗滴禾下土。谁知盘中餐，粒粒皆辛苦”。

唐宋年间的绍兴，叫做“越州”。“绍兴”之城名，来自于宋高宗迁都临安（今杭州）之后，改年号“绍兴”，意即“绍祚中兴”，并将一旁的越州改名为绍兴。轩亭口在地理意义上是绍兴的市中心，以往是最热闹之地。

明清两朝，轩亭口和小校场成为政府处死犯人的刑场。因为从衙门押解死刑犯人到这两地都很近，能保证押解途中的安全。而在轩亭口处刑能引来最大数量

秋瑾

的围观者，以达到杀一儆百的警示威慑作用。

1907年7月15日，凌晨3点，山阴县令李钟岳奉上级命令将秋瑾提出，他含泪告诉秋瑾："我本欲救你一命，但上峰必欲杀你，我已无能为力。我位卑言轻，杀你非我本意，你明白否？"

秋瑾提出如下要求："公祖盛情，我深感戴，今生已矣，愿图报于来世，今日我惟求三件事：一、准许写家书诀别；二、不要枭首；三、不要剥去衣服。"

李钟岳答应二、三两个要求。双方皆无言，在沉默中奔赴轩亭口。凌晨4时，31岁的秋瑾血洒轩亭口，暴尸大街，无人敢上前收葬，直到秋瑾的女性朋友徐寄尘、吴芝瑛等收裹了遗骸，葬在西湖边上。清朝有官吏觉得心中恶气依然未平，对于革命党人决不能姑息宽容，满洲人御史常徽上疏要求摧毁秋瑾的坟茔。上级忌惮一旦做得过火，将激起当地民变，于是命令秋瑾的家人迁葬回绍兴。之后，秋瑾之子从湖南来，将母亲的灵柩迁到湖南，与父亲合葬一起。

位居市中心的秋瑾纪念碑，多年来是一处被遗忘的场所，虽然终日面对市区内最繁华的场景，车水马龙、人流如织。到了最近十年，此地已成为整个市区最拥堵的地点。旧影斑驳的纪念碑，那种艺术审美感迥然于1949年后树立在府山公园的革命烈士集体纪念碑。我来来往往经过它20多年，在20世纪，罕见有任何祭奠仪式的痕迹和慕名前来的参拜者，只有到清明节或者"双十节"，会有政协、民主党派送来的一些苍白、惨黄的纸菊花，和简单得不能再简单的花圈，无力地靠着纪念碑。

随着绍兴旅游热的到来，秋瑾纪念碑也免不了一番修整，碑的北面拆迁开辟出一块小小的空地。空地呈长方形，一堵墙壁，上有孙中山的字迹"巾帼英雄"。墙壁前立着一座秋瑾的汉白玉塑像，但很蹩脚，假如让你从天而降地唐突到此面

位于闹市区的古轩亭口是 1907 年秋瑾从容赴死之地，这里有建于 1930 年的纪念碑。轩亭口在地理意义上是旧绍兴的市中心（摄影·陈晓）

稽山鏡水形勝地
1094

前，根本辨认不出是秋瑾，还是林昭、张志新。

我在多年以后，通过走进一个新的阅读世界，才知道这座中西合璧的纪念碑是典型的民国风格。尤其是当我来到广州白云山南麓的黄花岗七十二烈士陵园时，这些黄黄的石料建筑群有一种似曾相识的感觉，原来是秋瑾纪念碑早年根植于心中的印象。

但对于历史的认识，土生土长的绍兴人与外地游客并没有多少差异，只是对几个名字熟悉点，记得的时间早一些。至于具体的事情，认知同样肤浅。秋瑾就义，主流历史书和乡土爱国主义教材一遍遍地重复挞伐清政府的残暴，重复赞扬革命者不畏牺牲的精神。但他们都没有说到，伴随秋瑾而死的，还有政府官员。

秋瑾死前，并没有公开暴露革命党人身份，没有与政府真枪实弹地进行暴力反抗，性别是女性，死因是政治，这成了一个新闻卖点，促成舆论风暴。如《申报》，发表了累积超过三万字的报道和三十多篇评论。有一篇文章如是说道：“时或垂辫作男子装，到处演说颇能动人。现方创立女子体育所，殊负新学名誉。此

秋瑾于 1907 年与徐锡麟发起皖浙起义失败被捕，就义于绍兴轩亭口。秋瑾故居位于绍兴古城南部塔山南侧和畅堂（摄影·陈晓）

次惨被株连，无不同声叹息云。”社会舆论直逼——这是一件冤案，秋瑾仅仅因为是徐锡麟的朋友而受株连。《申报》在内的各大报纸一并为秋瑾感到悲愤，各报社大显神通，除了笔力雄健的评论之外，公布了政府捏造事实、草菅人命的证据。秋瑾的作品、各类后人写的纪念册、甚至文学色彩颇重的传记，纷纷出版面世。

山阴县令李钟岳，本无意为难秋瑾，只因绍兴知府贵福催迫，才不得已走完逮捕、关押、审讯、处决的程序。1907年7月13日，当大通学堂被清军包围时，李钟岳曾对着士兵们呼喊“但加逮捕，弗许伤害”。

秋瑾被捕后，李钟岳不愿意严刑逼供，只让秋瑾写供词，留下了“篱前黄菊未开花，寂寞清樽冷怀抱。秋风秋雨愁煞人，寒宵独坐心如捣”这首七绝诗。“秋风秋雨愁煞人”流传甚广，在教科书上成为秋瑾留给这个世界最有力的言语。秋瑾死后，贵福命令李钟岳去秋瑾家搜查军火，无功而返，种种行为令上级不满，遂撤职。李钟岳告别绍兴前，“将大堂陈天平架等劈毁”，留言“若借此想见好上台，便是禽兽”。

李钟岳离任后到杭州赋闲，日夜叨念着“我虽不杀伯仁，伯仁由我而死”，并一日多次注视默诵他秘藏秋瑾的七绝诗。“秋风秋雨愁煞人”，日日相伴这段凝重的心事，在距离秋瑾就义不到百日之际，李钟岳自缢于屋旁。

秋瑾和光复会

从轩亭口向西，是府横街。府横街直走不到半公里，是绍兴城墙范围内最大的山，名唤府山，因为绍兴府多年来设在府山的东南脚下。

秋瑾死后，20世纪30年代初期，府山西南峰上建起一座亭子，取自“秋风秋雨愁煞人”字义，定名“风雨亭”，以示纪念革命先驱秋瑾。两边柱子上刻有孙中山于1916年来绍祭奠时所写的挽联:“江户矢丹忱，感君首赞同盟会；轩亭洒碧血，愧我今招侠女魂。”自我有记忆以来，府山是绍兴人晨练的集中地，尤其在早年，城市各公园和公共绿地尚未建立起之际，府山几乎是唯一的合适选择。风雨亭一带，因为山势分布的原因，经过的游客和晨练者不算多，比较冷清，亭子周围不小的平坦区域面积，是一小群太极拳或香功修习者的固定场所。一群肢体动作慢悠悠的中老年人，在此陪伴先驱者的孤魂。

继续沿着解放路朝南步行1.5公里，有一个十字路口，西面的路叫和畅堂，东面的路叫钱王祠前。20世纪90年代起，和畅堂一度是书店集中地，书店纷纷倒闭后，变成了乐器店聚集地。乐器店关门后，电脑店争相进场，差点被称为绍兴的“中关村”，最终，大部分电脑店撤离了。进和畅堂100米左右，在马路的北侧能留意到秋瑾故居。所谓故居，并不大，正好坐落在塔山的南麓。府山、塔山、蕺山，

绍兴年轻人在欣赏艺人的现场表演（摄影·张杰）

是目前市区内仅存的三座山。1949年之后，群众运动一直保持高潮，劳动力免费，政策制定时又无阻力，填河、移山，在很大程度上改变了绍兴城区的地理面貌，一些用于安葬死婴的零落小山丘一概被夷为平地。

山脚下的故居见证了秋瑾短暂的少女时代。秋瑾在绍兴的时日不多，幼年时跟随父亲辗转外地。其父在福建任官，后去湖南，18岁时，秋瑾嫁给湖南人王廷钧。丈夫在婚后入京为官，秋瑾跟随前往，生有子女，但因理念和性情皆不合，两人分手。秋瑾旋即赴日本留学，在日本接受革命的思想，进入革命组织。秋瑾在日本认识了绍兴人陶成章，陶成章介绍秋瑾在回国时结识同为绍兴乡人的蔡元培和徐锡麟，此后于革命关系日近。他们都属于一个叫做光复会的组织。

1904年，光复会在上海成立，会长蔡元培，副会长陶成章，主要成员多是绍兴人，颇具地域色彩。光复会的宗旨是“光复汉族，还我河山，以身许国，功成身退”。同为志在推翻清政权的会党，光复会与规模更为庞大的同盟会是并肩作战的盟军，但也有龃龉和矛盾。1905年，当同盟会成立时，一些光复会的会员同时

古城的江南韵律让人印象深刻，图为水乡小桥上，当地人在娱乐，拉二胡者陶醉其中（摄影·陈晓）

秋瑾故里的儿童在池中嬉戏（摄影·张杰）

加入同盟会。合作期间，不断产生矛盾，既有理念、行动方针上的差异，也有个人恩怨。当光复会退出同盟会之后，蔡元培与光复会渐行渐远。徐锡麟和秋瑾身亡之后，光复会的活动停滞不前。

光复会将暗杀清朝要员、联络各地会党作为革命的主要手段，它的影响力主要在江苏、浙江、安徽。从国民党到共产党，对于光复会的官方赞誉并不是很多。倒是绍兴人，在从小被灌输的乡土教育中，光复会地位很高，对其内容描述要多于同盟会。在绍兴，光复会留下的遗迹比比皆是，民间传说流传甚广。可惜的是，除了单个主要人物与光复会关系的顺带研究，以及地方史资料收集选编之外，对于光复会的整体研究，国内罕有像样的著作。

佟麟阁路上的赛跑

■ 吴久久

> 当今中国的首要任务是进行政治革命，即改不负责任之政府为负责任的政府，其唯一之方法，比在开设国会也。故一言以曰之：国会者，改造政府之武器也。
>
> ——杨度《金铁主义说》

已经充作新华社礼堂的佟麟阁路62号在高大的家属院楼下，从路上经过的人们几乎注意不到它的存在。

一条街道与晚清改革

太阳偏西的时候，佟麟阁路上寿司店的伙计蹲在后门口下象棋。边上的连锁酒店门口，客人急匆匆地下了台阶出去。他们都不曾抬头看一眼边上这座老旧的房子，更不要说门楣上的雕花和屋顶镂空的八角亭了。窗户的铁栏已经锈迹斑斑，大丛的野苋在瓦缝和窗棂间生长。里面曾经有一家公司办公，但是现在空无一人。

门口的石碑上刻着“中华圣公会教堂”。从这里向东500米，是热闹的西单大

夜晚的中华圣公会教堂神秘而庄严。与其他教堂建筑不同，它不是哥特式建筑，也不是其他的西洋建筑形式，而是在西洋建筑中融合了中国古典建筑的“宫殿式”教堂（摄影·王牧）

华灯初上的佟麟阁路褪去了喧嚣，只有老建筑静静地沉淀着历史。佟麟阁路 87 号是中华圣公会教堂原址，如今有连锁酒店入驻（摄影·王牧）

街，再向东2.5公里，是天安门广场。

清光绪三十三年，即公元1907年的冬天，60岁的圣公会华北教区主教史嘉乐站在这座刚刚建成的教堂前。那时候周围的树木还不曾长得高大，佟麟阁路还叫西沟沿，一条河流由北向南穿过城墙，汇入南边的护城河。华北的阳光毫无遮蔽地打在教堂山墙上，照着门边的对联："此城真主殿，此乃天上门。"

这大概是这位主教一生最值得骄傲的时候。27岁时，他从英国来到东方，辗转山东、山西，33岁的时候当上了圣公会华北教区的主教。现在，他建成了华北最早、规模最大的基督教中心教堂。

也是在这一年，农历八月十三日，大清国皇帝下了一道谕旨，决定设立资政院。而隔着西沟沿，在中华圣公会教堂的对面，京师法律学堂已经在培养中国第一批近代法律学人。一场前所未有的变革在晚清之世展开，与南方酝酿的革命者并行赛跑。

圣公会

史嘉乐成为华北教区主教的那一年，光绪皇帝才10岁，不过已经当了6年名义上的最高统治者。在北洋通商大臣李鸿章的主持下，中国人正在架设第一条长途电报线；超过100名公派的学生在美国接受教育，他们在努力学习西方的技术，从开矿、修铁路到制造火炮和军舰。福州的造船厂里，中国人制造的千吨轮船以每年一艘的速度下水，而且在几年之后，这里的工程师就要造出第一艘铁甲舰。许多人相信，中国正在迎来王朝的中兴。然而不久之后，这些复兴的梦想就烟消云散。

预兆之一发生在第二年，中国政府召回了所有的留学生，因为大臣们对这些学生学到的西方观念和生活习惯感到恐慌。当时的《纽约时报》就此发表评论说："不可思议的是，政府认为这些学生，他们花的是政府的钱，就应该只学习工程、数学和其他自然科学，对他们周围的政治和社会影响要无动于衷。这种想法是非常荒唐可笑的。……他们深知公民的自由意味着什么，而他们要把这些危险的学问念头带回一个不负责任的独裁政府那里。……中国不可能只从我们这里引进知识、科学和工业资源模式，而不引进那些带有病毒性质的政治上的改革。否则，她将什么也得不到。"

接下来就是中法战争和甲午战争，蕞尔小国日本也打败了天朝上国。年轻的皇帝要变法，这次改革却亡于权力斗争。不久义和团闹起来，朝廷认为民心可恃，便与外国人决战。结果八国联军进了北京，慈禧太后和光绪皇帝逃往山西。

这是1900年的事了。36岁的圣公会传教士鄂方智就在此时来到宣武门内。这是英国人的占领区。他骑着马，沿着宣武门内西城根一带行走，准备为教会寻找一处可以兴建教堂的地方。西沟沿有一座小桥，北京人管它叫象房桥。小桥的东边就是象房。明代时，东南亚的藩国进贡大象，就圈养于此。这些作为祥瑞象征的巨兽享有武官一样的俸禄，在朝会和典礼中作为仪仗。每年初伏时节，人们用旗鼓引领它们，缓缓步出宣武门，在护城河里洗澡，观者如堵。清朝的皇帝延续了这些壮观的礼仪。康熙皇帝南巡，出京城的队列中有11头大象开道，到乾隆皇帝在位之时，象房的大象多达39头。然而王朝慢慢衰微，西南连绵的战事，使得送往京城的大象越来越少。光绪十年，一头大象发疯，摔死了一个太监，从此銮驾中再不使用大象。随着剩下的大象老病而死，象房慢慢荒废。

鄂方智看中了一处宅院。它在西沟沿的西边，主人叫殷柯庭。在八国联军进城的时候，这位隶属清国刑部的官员和同僚们一起逃走。鄂方智于是圈下了这一块“无主之地”，拆了房子，开始修建教堂。殷家人后来索要房产，圣公会开了卖房的契约，给了他们8000两银子了事。

教堂在1907年建成。上帝的荣耀照耀在帝国曾经炫耀国威和皇权的地方，史嘉乐感到心满意足。而在隔着西沟沿的那片荒败宅院里，在法学家沈家本主持下，京师法律学堂正在培养中国第一批近代法律人才。

溥伦的新航线

就在史嘉乐的教堂落成这一年，农历八月十三日，光绪皇帝下了一道谕旨：“朕钦奉，慈禧端佑康颐昭豫庄诚寿恭钦献崇熙皇太后懿旨：立宪政体，取决公论。上下议院，实行政之本。中国上下议院，一时未能成立，亟宜设资政院以立议院基础。著派溥伦、孙家鼐，充该院总裁。所有详细院章，由该总裁会同军机大臣妥慎拟订，请旨施行。”

爱新觉罗·溥伦，溥字辈中排行老大，以道光皇帝的子孙论，是曾长孙。同治皇帝没有子嗣，选择后继者时，溥伦本该是最理所当然的人选。然而这样一来，慈禧就成了太皇太后，不能垂帘听政，于是以溥伦是乾隆皇帝第十一子后代、血缘关系较远为由，选择了载字辈的载淳，以咸丰皇帝嗣子、同治皇帝弟弟的名义继承同治帝位。

本该成为皇帝的溥伦后来袭封了第四等爵位贝子，并在1904年作为中国代表参加了圣路易斯世博会。在这场全球盛会中，溥伦游历华盛顿、纽约和芝加哥，考察美国政治，向华侨演说:“披肝沥胆，向西太后进立宪改革之言，以启沃两宫，而为改革政体之助动力。”

这位年轻的皇室成员给西方人留下了锐意改革的印象。他向西方人开诚布公地说，教育是进步的根本，中国普通民众，尤其是女性在教育上受到传统禁忌的束缚，只有打破这些桎梏，人民的才智才能发挥。《纽约时报》评论说，35岁的溥伦是清皇室中最民主的成员。

就在溥伦游历美国、考察宪政的时候，一个比他年长三岁的青年也来到了圣路易斯。他为世博会中的电气装置、新运输工具所震撼，赞叹说“此会为新球开辟以来的一大会”。这个青年就是已经被清廷通缉近十年的孙中山。

现在，立宪派的溥伦被任命为资政院总裁，开始制定资政院的章程。按照清廷的谕旨，这一年，各省筹设谘议局，为资政院开会做准备。在当时看来，按照光绪三十二年下诏“预备仿行立宪”的计划，一切都在紧锣密鼓地进行。这个老大帝国展现出前所未有的效率。改革官制的草案拟定只用了一个多月，呈报的第二天就得到答复，除裁撤军机处、设内阁总理大臣之外，全部批准，并且立即调整人事安排；第二年，地方官制改革方案上报，次日即“著由东三省先行开办”，并令直隶、江苏“择地先行试办”。

宪政编查馆在编订宪法草案，修订法律馆在翻译各国法律典籍，修律大臣沈家本则在日本法学家的支持下，制订包括《大清新刑律》、《大清民律》在内的近代法典。

清国这条大船，正在颤巍巍地向着宪政的方向调整航线。

宪法

1908年8月27日，宪政编查馆进呈宪法大纲，当日就得到批准。

在这部仿照日本宪法的宪法大纲中，规定了皇帝的一系列大权，其中包括：法律虽经议院议决，而未奉诏命批准颁布者，不能见诸施行；皇帝有召集开闭停展及解散议院之权，有设官制禄及任命百司之权，而议院不得干预；统帅陆海军及编定军制之权，凡一切军事，议院不得干预；宣战媾和，订立条约，受任使臣，国交之事，不付议院议决；皇室经费，由君上制定常额，自国库提支，议院不得置议。

在这部君权至上的宪法大纲里，议院则完全成为皇帝的附庸，只有建议之权，并无行政之责。更加荒唐的是，“议员言论，不得对朝廷有不敬之语”。尽管如此，资政院的开会还是被迅速提上日程。1909年，即宣统皇帝即位的第一年，清政府决定修建资政院大楼，地址选在建国门内的贡院。这里曾经是明清两代科举考试选拔人才的圣地，维系帝国上下沟通运行的官僚，大多参加过这里令人忐忑的考试。1905年科举制度废除后，贡院也就渐渐荒弃。资政院大楼建在这里，是“以昔日国家选士之场，为他日人民参政之地”。

德国人库尔特·罗克格被邀请设计这座前所未有的建筑。这位曾经在青岛设计了海因里希亲王饭店音乐厅和总督教堂的设计师将大楼定为文艺复兴风格，上有穹顶，中部是议院大厅，右边参议院，左侧众议院，在四层大楼的二楼有记者室，布置有完备的电话和电报装置，以便随时报道议会议程。

这一年，按照摄政王载沣颁布的命令，各省谘议局纷纷成立。

根据《谘议局章程》，选举和被选举人，要曾在本省地方办理学务及其他公益事务满三年以上著有成绩；有举贡员生以上之出身；曾在本国或国外中学堂及与中学同等或中学以上之学堂毕业的有文凭；曾任实缺职官文七品、武五品以上未被参革；在本省地方有5000元以上之营业资本或不动产。如果是外省男子，则要在本省寄居满十年以上，有1万元以上之营业资本或不动产。即便在广东这样风气先开的地方，符合选举和被选举资格的，也仅占全部人口的千分之五。

到当年秋天，除新疆外，所有省份谘议局都设立完成。按照清廷的谕旨，谘议局将推选出资政院的民选议员100人，而另外100人，则由皇帝钦选王公大臣及多纳税的臣民充任。因新疆谘议局未成立，民选议员实为98人，故钦选议员也相应减少两人。

全票通过的表决

1910年10月3日，宣统二年九月初一，露凉霜冷，帝都秋深。溥伦站在京师法律学堂门口，他的前任搭档孙家鼐已经病故，替代者是沈家本。西沟沿那边的教堂依然是簇新的模样。因为新的资政院大楼尚未建成，第一届资政院开会的地址，就暂定在京师法律学堂。

溥伦有点不大愿意去看那些议员，目光交接，就让他感到身不由己的尴尬。

就在去年，各省谘议局第一次开会，他就收到了一份通电。发电报的人是江苏谘议局议长张謇。这位晚清状元实业家联络各省代表，组织同志会，向中枢请愿“速开国会”。清廷对议员的僭越颇为不满，作为资政院总裁，溥伦只好对上门拜访的议员避而不见。

到资政院开会之前，各省议员一共发动了三次大规模请愿，签名人数多达30万，连摄政王载沣也不得不感叹："人民请愿如此之多，倘再不准，未免大失民心!"

这位摄政王无法不感到紧迫。去年冬天，革命党在银锭桥埋伏炸弹，准备行刺，幸而在埋设电线时败露，自己才幸免于难。那个年轻的刺客汪精卫在被捕后侃侃而谈，要借这一炸之威，惊醒国人立宪迷梦，并作诗"引刀成一快，不负少年头"，居然传诵一时。

留给大清国的时间，怕是不多了。

西沟沿的落叶萧瑟中，载沣的马车缓缓驶来了。军机大臣、内阁大学士和各部尚书是先到的，这些大员这天都身着便服，以示对资政院的尊重。领班军机大臣、庆亲王奕劻宣读了宣统皇帝的谕旨，随后，载沣走上讲台，勉励在场的196位议员"殚竭忠诚，共襄大计，扩立宪之功用，树议院之楷模"。

资政院第一届会议开始之后三个星期，各省代表请求速开国会的请愿书又一次送达中枢，资政院议员于是强烈要求首先讨论"速开国会"案，以至于会场"声浪大作，议场骚然"。

26日，资政院对请速开国会的奏稿进行表决，要求清廷在第二年即召开国会。有议员主张以起立表示赞同。于是全场议员，包括王公大臣在内的钦选议员，全部轰然起立，山呼万岁。在会场旁听的外国记者在见证这一时刻时脱帽致敬。

11月4日，摄政王载沣颁布谕旨，宣布国会比预备立宪规定的时限提前三年，在宣统五年召开。议员大为不满。议员吴赐龄说："今本院具奏案主张明年速开，而王大臣议定要宣统五年，则这议案效力全失，所谓资政院'立议院基础'、'养议院精神'者何在?"

鸡毛和令箭

11月8日，资政院又上奏，湖南巡抚杨文鼎发行公债不交谘议局议决，侵夺谘议局权限，应仍交谘议局，并对杨文鼎予以处分。当日就有军机大臣副署谕旨，说杨文鼎发行公债，是“奉旨允准”。

第二天，在1904年考中最后一场恩科状元的议员刘春霖说：“‘庶政公诸舆论’一语屡见于上谕，今资政院所议决的不能不算舆论，现在何以忽然不‘公诸舆论’呢？本议员想造成这个原因的就在军机大臣。”“推原军机大臣的本意，不过藉此稍示其端，且看资政院之权可以侵不可以侵，资政院之法可以违不可以违。若本院不复质问，便是默示承认，默认之后，恐军机大臣对于资政院侵权违法之事，必相逼而来。”

又主张：“现在议决的案军机大臣就不照行，将来无论再提出何等议案，一定是无效的，就是将来军机大臣侵权违法，也不过以‘疏漏’二字了之。还是请军机大臣来院答辩，问他到底是何意思，将来别项议案才能解决。”

清廷显然还没有准备好如何应对这些群情激昂，并且拿着鸡毛当令箭的议员们。在守旧派看来，资政院设立之本意，仅是顾问资助政府之机关，而非监督政府之机关。现在这些议员却不肯罢休，他们把矛头对准军机大臣，指责军机大臣“侵资政院的权，违资政院的法”，决意弹劾。

议员吴赐龄陈词激烈：“此次弹劾案如军机大臣自己见得不是，就应自己辞职；若以资政院为不是，就应奏请解散资政院，断无调和之理。”

11月25日，清廷下旨，希望资政院取消弹劾案。同日，军机大臣们联袂奏请辞职。

摄政王载沣选择了维持旧制，一面慰留军机大臣，一面向议员们重申皇帝的权力："设官制禄及黜陟百司之权，为朝廷大权……军机大臣负责任与不负责任暨设立内阁事宜，朝廷自有权衡，非该院总裁等所得擅预。"

谕旨一下，资政院大哗。当时就有议员发言说，朝廷的意思，似乎是资政院不识大体，不如资政院自行解散了痛快，"何必自取其辱"？

湖南议员易宗夔直言，此种恶劣先例一开，"不但资政院绝无用处，就是以后的国会都可以不要了，这个是非常之危险的。因为立宪国精神是议院与政府对待，现在弄成议院与君主对待。这个只有两个办法，一个是积极的专制，什么资政院，什么国会，什么立宪，都可不要；还有一个不得了的结果，这个人民没有别的法子，只好拿出他的暴动手段出来"。

来自江西的汪龙光说："军机大臣一经责难，对于上则以辞职为要挟，对于下则挟天子以令诸侯，我们一般议员谁敢与皇上相对？将来必至无事敢议，无口可开，势必由立宪复返于专制，宪政前途非常危险……不惟资政院无可存立，便连国会也可无庸开设了。"

到这一年年末，第一届资政院会议结束。

在这一次会议中，资政院议定中国千古未有之预算案，删除冗费，使1911年的预算略有结余；在法律上，则议定新刑律草案、破产律、地方自治章程。

改革派的时间结束了

然而，作为总裁的溥伦却感到，清廷虽然退让，本意上依然是"以资政院为衙门，吾辈乃堂官，堂官应（对下属）有弹压之责任”，他愤然说：“此种眼光极为荒谬。不知议长与议员原是一体，不过主席及维持院序而已，至于议事，全在从众取决，方合议院本旨。吾意，吾辈惟以联络政府与国民为一气，为第一之职务。”然而时局危在旦夕，守旧派依然希图保一时之权位，溥伦自知难以担当“联络政府与国民为一气”的重任，不久便辞职。

接替他的是学部左侍郎李家驹。

1911年10月，第二届资政院会议召开。与此同时，在帝国的中部，武昌起义爆发了。

就在革命者的军队向北方进军的时候，资政院正在修改宪法，他们力图扩张国会的权力，使君权受到限制。

宪法修订案的第八条：总理大臣由国会公选，皇帝任命之。其他国务大臣，由总理大臣推举，皇帝任命之。皇族不得为总理大臣，其他国务大臣，并各省行政长官。

第十条：皇帝直接统率海陆军，但对内使用时，须依国会议决之特别条件。

第十一条：不得以命令代替法律。

在这些修改的宪法条款中，官制官规由法律规定，缔结国际条约、皇室经费的制定和增减之权，也为国会所有。民国学者顾敦后来在《中国议会史》中评价说：“依此信条，则君主所保留者，皇帝之虚名，而议会所取得者，实主权之全体矣。”

当年11月3日，清廷接受资政院的改宪条款，并颁布，名为《十九信条》。

如果一切得以施行，一个虚君共和的政体将在中国建立起来。然而此时，湖南、山西、云南、江西、浙江已经纷纷起义，革命的奔流中，任何稳健的改革都

❶从新华社家属楼的 15 层俯视，一片水泥高楼的楼群中，国会旧址等民国时期的建筑显得玲珑精致，卓尔不群（摄影•王牧）
❷佟麟阁路边的生活气息，小吃店门口成了三五好友小聚的场所，宠物也独占一个座位（摄影•王牧）

❶位于新华社的两座红楼，分为南北两栋，因外墙廊柱皆红色而得名，为国会办公用房，也有说是议员们的宿舍（摄影·王牧）

❷国会圆楼是民初国会的办公楼，二层为北洋政府总统和议长开会的地方，如今这里是新华社的老干部活动中心。从民国时期的楼梯可以依稀怀想历史的原貌（摄影·王牧）

将和旧政权一起被摧枯拉朽。不久，清室覆亡，资政院随之解散。在建国门内贡院的旧址上，资政院大楼的地基才刚刚完成。

1912年，国民政府迁到北京，资政院开会的京师法律学堂改为民国国会议场。

北边的是克勤郡王府。克勤郡王传到了十三世，最后一世郡王把他的府邸卖给了民国总理熊希龄。过不了几年，郡王挥霍无度破产，只好到街上拉洋车度日，当时北平报纸说“铁帽子王拉洋车”，也在街巷里哄传了一阵。后来溥仪在满洲称帝，这位铁帽子王还跑到长春找他讨过钱，再后来就下落不明。只有中华圣公会教堂，依然在朝晖夕阴中向上帝祷告。

佟麟阁路

西沟沿在1921年被改造成暗沟，上面铺设马路。9年后工程竣工，西沟沿被命名为河沿大街。抗战胜利之后，为纪念抗战中守卫北京牺牲的佟麟阁将军，河沿大街南段改名为佟麟阁路。

解放后，中华圣公会教堂成为北京电视技术研究所库房，楼阁凋敝，后来被一家港资公司收购，整修后作为办公场所。而马路对面的资政院、后来的国会议场则充作新华社礼堂，门牌号码是佟麟阁路62号。新华社家属院的大楼比它更雄伟高大，从佟麟阁路上经过的人们几乎注意不到它的存在。

大院里的老人们还管这里叫国会街。在里面已经修葺一新的礼堂前，在树荫下，他们坐在一起，回忆和谈论往事。他们中的大多数随着新政权的建立而来，并不知道这片灰色的建筑在比民国更早的从前发生过什么，更不会想，假如历史给那些立宪者的时间再多一点，这个国家的命运是不是会不一样。

岳府街，被遗忘的光阴

■ 吴策力

> 其意志之强固，毅力之宏大，迥非湘、鄂、粤人所能及。
>
> ——宋教仁《论川人争路事》

川汉铁路公司

一条黄狗懒洋洋地穿过岳府街。它准确地找到了车流最为懈怠的间歇，从而展示了优雅的步伐。时值下午，街道两旁的茶楼早就开始上客。一些服务员接到了熟客的短信，预订包间。在岳府街的最西端，2003年修建起来的小广场被围得严严实实。成都正处于城市建设的又一个活跃期，在这里你能看到岳府街全部的现在和一部分的未来。

至于昨天，几乎不存在。

岳府街，一般是这样介绍：位于成都，原西起暑袜北一街、冻青树街交汇口，东止竹林巷、隆兴街交汇口；现在这条街的西边起点未有改变，向东足足扩展了几乎两倍的长度，止于红星路二段，总长560米，宽20米。

100年前的6月17日，在这条街道西段的川汉铁路公司被人围得水泄不通，街上也站满了人。罗纶登上了讲坛，在慑人的气氛中，他向座下深深一揖，开口便说："川汉铁路完了！四川也完了，中国也完了！"顿时满场号啕，连在场的警察也涕泪横流。罗纶一拳砸在桌上吼道："我们要誓死反对！我们要组织一个临时的机关，一致反抗，反抗到底！"

从明到清，成都的发展并不大。明人钟惺在《浣花溪记》中开章明义，说看浣花溪要"出成都南门"，现在这溪早就淹没在钢筋水泥的丛林中。岳府街，因岳钟琪府邸在此而得名。岳升龙任四川总督时，其子岳钟琪入了川籍，故在成都成长。岳钟琪本人也在清康熙、雍正时任四川提督，署理总督，因平准噶尔叛乱有功，被封三等公爵。1732年，岳钟琪"误国负恩"被削职，在百花潭搭了两间草庐居住；后又被启用，平定大小金川之乱，赏还公爵称号，迁住于此。

和岳府街垂直的冻青树街，得名也是因为岳府。据说岳府后墙在此街东侧，有一冬青树，故名。冬青，在本草亦作冻青。

其实，岳府街原来叫岳府箭道街。岳钟琪府邸宽大，宅左有射圃，也就是平时练习射箭的场地。弓箭是热兵器出现之前最重要的武器，古代统治者要维持稳定，首先禁止人民携带弓弩。《汉书·王莽传》说，天下怨声载道之时，王莽于元始二年（公元2年）下令，"禁民不得挟弩铠"。岳钟琪贵为公爵，自然可以在家里拉弓射箭。

光绪末年，岳钟琪子孙外出做官，故将宅院卖给川汉铁路公司，改名岳府街。1904年，川汉铁路总公司在此设立，1907年改为商办川汉铁路有限公司，1911年成为保路运动的联络处和指挥部。川汉铁路总公司成立的那一年，后来成为保路同志会会长的蒲殿俊刚刚考取了进士，忙着去日本留学。他没有想到7年之后，在故乡四川的省会，自己会卷入一场生死攸关的纷争。

岳府街之名，得于清康雍时名将岳钟琪府邸，原名岳府箭道街。光绪末年，岳氏子孙将宅院卖给川汉铁路公司，改名岳府街。1911 年这里成为保路运动的联络处和指挥部（摄影•何建强）

岳府街夜色。岳府街最后一丝“岳味”是在 1990 年被抹去的。水泥钢筋高楼和飞驰的公交，让这条老街变得现代化，但由红绿灯控制的街道却显得无比冷寂（摄影•何建强）

熟悉成都街道的人，都知道东西向的岳府街有点怪异——街道的西端和忠烈祠东街并不在一条直线上，而是拐了个直角，再拐回原来的方向。历史上，任何改造城市街道都不允许这样操作。1852年，开始改建巴黎的市长欧斯曼把巴黎的老城区道路改得又直又宽。它除了城市景观方面的因素外，还因镇压市民起义的方便——开进部队很方便，便于炮击。欧斯曼本人直言不讳，“炮弹不知道右转弯”。

岳府街附近，当年总有达官显贵的府邸。形成这样的街道，和这些府邸当时“挪不动”有关系。1920年，成都整修春熙路时，也同样遭遇了这一问题。郑少馥是法国领事馆翻译，自然不同意杨森对馥记商店的迁移，于是直到现在，春熙路在中山广场那里拐了一个弯。

蒲殿俊

1909年（宣统元年）四川谘议局成立，从日本归国的蒲殿俊任议长。次年创办《蜀报》，宣传立宪。当他回到成都时，城市的情况仍然让他很失望。清代末年，除了总府街、南大街、北大街和文庙有两丈的宽度，好多街道都是羊肠小道。比如科甲巷，原先是清代按察使衙门，内设牢房，占地纵深极大，在闹市的背后仍然污水横流，臭气冲天。

那时，弗瑞兹·魏司是德国驻成都领事。他拍摄了数百张成都的老照片。店招书法淋漓，夏天屋檐前有浅色布幅遮挡阳光，现代仅有日本还能看到这样的街道。

蒲殿俊所在的年代，如果没有私家轿子或马车，一个人从川汉铁路到督院街的总督衙门，步行差不多要40分钟。滑竿、轿子和鸡公车是那时成都的主要交通工具。唯一的公交车是马车，可以坐5~6人，招手即停。在马车聚集之地，这些马会随地便溺。

保路运动与其说是四川人认为清政府“卖国”而形成的斗争，还不如说是清廷与民争利的大冲突。1911年6月1日，邮传部尚书盛宣怀和督办大臣端方联名向川督王人文发出“歌电”。何谓“歌电”？中国人发明了一种新的记日办法，用韵目代替日期。从《韵目表》中挑选代替日期的韵目，总共有31个，分别代表31天。前面15天用的是韵目上平声的全部，接后是韵目上声的10个，再来是韵目去声的5

1911年11月27日，大汉四川军政府成立庆典

个，最后一个从《韵目表》查不到的是“世”，代表31日。这种方法前后使用了70余年，今天历史书中经常出现的“艳电”、“皓电”、“佳电”等词，正是所谓的“韵目代日”，用《韵目表》里的字来代替日期，懂得做诗的人一看就知道哪个字代表哪一天。比如1日的电报代日韵目为“马”字，所以1927年5月21日长沙反革命事变称为“马日事变”。这套系统对当年读过一点书的人来说，都是基本常识。沧海桑田，白话文兴起以后，使得过去文人擅长的填词作诗的本领也逐渐失传，过去一般人都会的事情，现在却成了专业知识。

这封电报的主要内容是：对川汉铁路公司已用之款和公司现存之款，由政府

四川保路同志會簡章

四川保路同志會報告

第一號

四川保路同志會報告

第十二號

四川保路同志会简章

一律换发给国家铁路股票，概不退还现款。如川人定要筹还现款，则必借洋债，并将以川省财政收入作抵。此电明示，不许川省股东保本退款，而只允换发铁路股票，也就是说政府不但收路，而且还要夺款。曾任省谘议局文牍部主事的邓孝可原认为“政府接收路，并非接收款”，至此方知政府撒尿时还擤鼻子——两头都要抓住，款路皆收。王人文收电后，知若此消息一出，全川必大乱，索性压下不宣。但清政府被钱逼慌了，6月7日，盛宣怀、端方又径电川汉铁路公司驻宜昌总理李稷勋，询问是否见到“歌电”，李即致电成都总公司，总公司又转询督署。王人文只得抄示，电文公开后，果不其然舆论大哗。

于是，6月17日的大会临时动议，与会人员全体从岳府街出发，走到总督衙门向总督王人文请愿，要求代奏。王人文出见群众。他非常同情，说“只要于国计民生有关休戚的事，无论怎样当据理力争”。

督院街

蒲殿俊在岳府街，王人文在督院街。清顺治时，巡抚高民瞻建巡署于督院街，这里就成了四川总督的办公之地。1902年秋天，本土义和团的红灯照首领廖观音率三万人冲击总督衙门。1903年1月5日，只有19岁的廖观音被擒杀。之后这里仍然是四川的政治中心。

王人文所言不虚。17日，他致电内阁：“本日未前，各团体集公司开会，到者约二千余人，演说合同与国家存亡之关系，哭声动地，有伏案私泣。”“保路同志会的成员书信惟哀痛迫切之状，实异寻常”。但他忘记了，岳府街和督院街几乎平行，意味着两条道路上的人永远不会“相交”。两个多月后，清廷令赵尔丰担任

建于人民公园的保路运动纪念碑（摄影·何建强）

四川总督。9月7日，赵尔丰诱捕谘议局正、副议长蒲殿俊、罗纶以及保路同志会和川路股东会的负责人。消息传开，数万群众聚集，要求放人。赵尔丰竟下令军警向手无寸铁的群众开枪，当场打死30多人，造成骇人听闻的“成都血案”。

当晚，曹笃和朱国琛等人裁剪木板数百块，上写“赵尔丰先捕蒲罗，后剿四川，各地同志速起自保自救”字样，然后将木板涂上桐油，投入江中，顺流而下，这些被人称为“水电报”的木板把消息传遍川南、川东各地，更进一步掀起了各地群众揭竿而起的革命形势。

对于在岳府街上的川汉铁路人来说，“水电报”不需要发明。岳府街继续延伸到府南河边上，就是原先成都最大的晒木场地。千百年来，伐木工人从岷江上游的原始森林砍伐原木，然后顺流放到成都，称之为“砍山”。上游的伐木工将原木裁成3米长，漂到此处之后，成都工人再用“老鸦嘴”——一种有铁钩的长竿将其打捞上岸，自然风干后成为最初的木料。

也许现在的成都人不知道，他们的城市当年是如何水网密布，“所见如连、如环、如带、如规、如钩，色如鉴、如琅、如绿沉瓜，窈然深碧”，仿佛东方之威尼斯。如今和岳府街垂直的梓潼桥正街，原先就有一条小溪流过。四川日报社是清代布政署所在，梓潼桥正街原是一条小河，出产优质金刚砂，可以用来解玉，遂名解玉溪。溪水从西北角水洞子而来，斜斜流到今大慈寺南门，然后在东门入府南河。1950年，这条小溪才被彻底填平。城内的一些运河，比如金河，存在的时间稍微长一点。开凿于唐代的金河，原本也是成都市内的重要河流，20世纪70年代被彻底填平。

一头是蒲殿俊等人冒死抵抗清廷出卖路权，一头是盛宣怀等人催促派员清查铁路公司各地账，以便接收。结果，他们派出的查账员四处碰壁。但是，利欲熏

俯视岳府街，老建筑即将绝迹，高楼拔地而起（摄影·姜曦）

心、急于要看到现钱的清廷，觉得赵尔丰的处理方式更有利于速战速决。

“水电报”果然奏效。9月8日，保路同志军进围成都，附近州县群起响应，纷纷成立保路同志军，数日之内，队伍发展到20多万人，形成了群众大起义的局面。同志军围攻成都十几天，由于缺乏统一的指挥，武器装备不足，只好分散进入地方。

在反对势力围攻成都时，川军不愿意接受命令继续镇压，清政府只好派湖北新军入川平定叛乱，导致武昌兵力空虚，直接给了1911年10月武昌首义极好的发动时机。赵尔丰因此被免去四川总督一职，留任边务大臣。1911年11月22日和25日，成都召开四川官绅代表大会，宣布脱离清政府独立，成立大汉四川军政府，原谘议局议长蒲殿俊任军政府都督，陆军第十七镇统制朱庆澜任副都。赵尔丰随即将政权移交蒲殿俊。但人们普遍认为，赵氏假借处理边防为名，暗中操纵形势。1911年12月8日，因军饷迟发，军士变乱，民军入城，另组军政府，尹昌衡任都督，蒲殿俊被迫去职。先前赵尔丰诱捕蒲殿俊，只是为了控制他的活动；而尹昌衡设计拿下了赵尔丰，直接将其押至贡院斩首。

从岳府街到督院街，中间夹杂了四川布政使署（现四川日报社。其后一条道路名为布后街，即布政使署后街的简称）、科甲巷清代按察使衙门等许多当年的重要场所，如今都找不到一丝当年景物。1863年6月12日，石达开在科甲巷受刑。目前已经迁走的成都一医院大门，原先就是按察使衙门的大门朝向，而其对面早就改成了热闹的百货公司。河内的希尔顿酒店越战时是关押美战俘之地，被美国兵称之为“火炉”；日本的巢鸭监狱原先用于关押战俘，现在已是摩天大楼林立。从监狱到闹市，似乎已经是时代潮流所趋。

岳府街的最后一丝“岳味”是在1990年被抹去的。之前，街道两旁外观虽然

岳府街两侧小巷子里俨然成了“美食一条街”，午餐晚餐时间，各家餐馆客人络绎不绝（摄影·许庶）

彻底变化，内部还有一些旧日建筑的痕迹。人民公园保路运动纪念牌附近有一个陈列室，利用了岳府的最后拆除的旧建材。原先岳府的西门，2003年修建了一个小广场，四周有一些涉及岳钟琪和保路运动的浮雕，算是唯一的纪念。

2007年12月23日，冬至。100多岳家后人在岳府街一个酒店进行了祭祖典礼。服务员懵懂的眼神中，这不过是一次普通家庭聚餐。这条街，也不过是成都的一条普通街道。就算是等待公交车的人们，也只顾玩手机、读报、聊天……绝对不会多看上一眼。

从万木草堂到黄花岗

■马 勇

> 时既变而仍用旧法，可以危国。
>
> ——康有为《上清帝第一书》
>
> 遍地腥云，满街狼犬，称心快意，几家能够？
>
> ——林觉民《与妻书》

康有为，万木草堂归去来

现在的万木草堂旧址位于广州中山四路长兴里，原为广东大户邱姓书屋，创建于1804年（即清嘉庆九年），是邱姓弟子到省城参加考试的临时居处，估计应该是邱姓人家集资修筑或某大户捐助。这所建筑三间三进，两天井、硬山顶的祠堂式，砖木结构，绿灰瓦，青砖墙，典雅古朴，具有明显的清代岭南建筑风格。

按照过去所说的故事脉络，康有为为了宣传他的维新变法思想，培养人才，于1890年租借邱氏书院作为讲堂，并在那儿创办了万木草堂。这个说法在过去100多年流传甚广，最具正义感，最具正当性。然实在说来，这个说法不对。将康有为思想无限提升，是康门弟子干的事，当然也得到了康有为默许。只是这个故事经不起学术检验。所以当2011年夏，我被邀请来此做一个演讲时，我就面对那幅逼真的康有为油画肖像表示，如果我今天说得不对，敬请康先生显灵批评。

自幼年时代起，康有为确实具有常人难以理解的宏伟理想。但是无论如何都必须承认，在1890年的时候，大清王朝经过30多年洋务新政，已经全面提升了综合国力，经济总量不仅恢复中国历史上鼎盛时代的规模，而且在当时世界格局中重新占有重要一席。中国的经济发展和提升，凭借的是行政主导的权威体制，这是那时西方自由资本主义无法具备的优势。这种体制对于社会力量动员，对于国家各项资源的配置无疑最为便捷。这也是直到今天，中国人最为自豪，也是最为津津乐道的东西。

1890年，康有为租下了邱氏书屋，在这里开始营造他的学术体系。如果我们真切体会传统中国社会情形，知道传统中国读书人的一般成长道路，我们就知道康有为这一次租赁房屋、广招弟子并不是，或者说并不单纯是为了维新变法，更没有培养什么变法骨干的意思。那时的读书人一般都有过教学相长的经历，是"大龄复读生"为了尽量减轻家庭经济压力，或为了扩大实践基础，或丰富自己读书生活的一个办法。用今天的语言去描述，就是自己还在复习，还在准备着下一场科举考试，顺带着招收几个学生，收一点束脩，也可以有得天下英才而育之的愉悦。这是那个时代许多执著在科举道路上追求的读书人的必由之路，不必赋予太多意义。

大龄科举复读生康有为生于1858年，1876年19岁结婚成家未成业。也就在这一年，他开始追随岭南名师朱次琦研读传统学术，其目标就是准备参加几年后的乡试。乡试是那时全国性的大考，类似于现代中国全国统考时的高考，是中国读书人的盛大节日，有人欢喜有人愁。

朱次琦是岭南名师，学问很大，但绝对不是一个好的“高考指导老师”。康有为在追随朱次琦的几年间，学问有很大长进，西学、新学、佛学等都有广泛涉猎，但庞大而不精深，夸张而不踏实，新颖且时常蕴含着一点叛逆意识。用这种思想与学术去参加官方主办的科举考试，其结果可想而知。

1882年，25岁的康有为前往北京参加顺天乡试，铩羽而归，名落孙山。不过他利用北上南下的机会，开了眼界，看到了开放后的上海、南京等口岸，知道西方人的社会管理与发展之道与中国有很大不同。几年来追随朱次琦形成的现实关怀情结没有因科举失败而减弱，相反却更加热心于政治，热心于与政治有着密切关联的历史。

恰当此时，一个偶然机遇又使康有为遇到来自北京的翰林院编修张鼎华，这些最善于夸夸其谈的翰林们不仅给康有为带来一个全新的知识界情形，加深了对现实政治的理解，而且激活了康有为原本具有的政治细胞，深念民生艰难痛苦，因而更愿意像传统儒者那样哀物悼世，以经营天下为己任，期望在正途之外偏锋取胜。

1888年，已过而立之年且有两个孩子的康有为再度前往北京参加科举考试。尽管他的学问不错，阅读广，知识丰富，但是分数面前毫无办法，康有为又一次铩羽而归，不在录取名单内。不过他在失败后并没有心灰意冷，更没有自怨自艾。由此他做了两项准备，一是剑走偏锋，于失手当年向朝廷提交一份上皇帝书，很显然是希望通过小皇帝亲政这个时间刻度寻求机会；第二个计划就是准备长期复习，不达目的决不罢休，像后来的张謇那样，一定能够“暮登天子堂”，成为人上人。前一项准备是康有为政治经历中的大事，这在后来的康有为研究中也被大肆渲染，甚至被说成是康有为的变法维新思想。其实，仔细阅读康有为上皇帝第一书的文本，很容易发现康有为“变成法”、“通下情”、“慎左右”三点建议，就其本质不过是传统中国策士的套话，就其水平根本没有办法与贾谊、王安石等人相比，不论是思想深度还是文采，康有为都显得有点不着调，他并不理解大清王朝过去几十年发展的问题所在。第二项计划是那个时代读书人无法回避的问题，科举考试是那时唯一的正途，别说是老年进士不稀奇，即便是范进那样的老年举人也是司空见惯，这也就是康有为和他的弟子梁启超后来同场考试的根本原因。

此后移居广州的康有为已经小有名气，一个偶然机会，他引起学海堂学生陈千秋的注意。学海堂是政学一体封疆大吏阮元创办的著名学府。那年春天，陈千秋前往康府登门拜访，一席长谈使陈千秋对康有为佩服得五体投地，他立即回到学海堂办了退学手续，转拜康有为为师。更重要的是，陈千秋还深刻影响了他的同学兼好友梁启超，梁启超也随之成为康有为的第二个弟子。

后者听课的结果按照梁启超的记述，是“且惊且喜，且怨且艾，且疑且惧”。

学海堂高才生的转头具有巨大的广告效应，很快又有一批学生前来追随，康有为于1891年租借邱氏书屋作为讲堂，据说这就是万木草堂最初地点。万木草堂开张，是康有为教育事业的起步。之后他在广东的影响力持续扩大，前来追随的弟子越来越多，已有的邱氏书屋渐渐有点容纳不下。第二年，万木草堂转至卫边街邝氏祠堂。到了第三年，即1893年冬，方才与广府学宫文昌殿后面仰高祠达成十年租赁协议，准备长期办学。

如果一定要说万木草堂的性质，一般研究者比较容易夸大其维新思想的倾向。这大约有用后来的历史规范前史想象前史。真实的历史应该是，万木草堂只是一个具有新思想倾向的补习班，老师比较灵活地引导这些弟子进行复习迎考，他们的目的还是科举考试。否则我们就不容易明白为什么到了1895年，康有为仍会信心满满地和弟子梁启超、梁小山等人一起入京会试。也就是这一次北京之行，康有为金榜题名另找出路，万木草堂由此也就成了过去，进入历史。

2011年广东的夏天，据说是历史上最炎热的夏天。就在这炎热的季节，我几次前往广州，在似火的骄阳下游走新老城区。既看了城隍庙，也拜谒了康有为故居，参访了谘议局旧址，并做了一个有关谘议局历史的演讲。当然，最重要且令人难忘的，还是黄花岗。

从容的死者

来到黄花岗，100年前最惨烈的一幕总会不由自主地浮现在眼帘。

根据现在比较标准的解释，黄花岗原先并不叫黄花岗，而是红花岗。只因革命党人潘达微在1911年4月27日广州起义失败后，冒险为死难者装殓遗骨安葬在此处，方才更名。潘达微之所以要给黄花岗更名，主要是觉得红花过于俗气，而黄花又名菊花，具有寒雪风骨，以此象征死难者的忠贞节烈爱国精神，名实相副。这个解释当然是成立的，但我觉得当年迅即更名或许还有将死难者掩藏此处不让人知的用意，毕竟这场起义失败后，清朝还是清朝，革命依然处在非法状态。

现在的黄花岗早已不复当年的荒凉。经过1912年初建，至1918年由孙中山大元帅府卫戍总司令方声涛出面筹募资金扩修，今天所能看到的黄花岗烈士陵园的轮廓大致成形。顺便说一句，方声涛之所以热心于此事，除了他追随孙中山对黄花岗起义怀有崇高敬仰外，还因为他是黄花岗烈士方声洞的哥哥。而这位方声洞，就是赴义前写有别父书，大义凛然表示“夫男儿在世，不能建功立业以强祖国，使同胞享幸福；奋斗而死，亦大乐也”。为什么面对死亡会这样坦然？这是一种什么精神？站在黄花岗上，默读这样的文句，后来者不能不浮想联翩。

当然，站在黄花岗上，人们最无法忘怀的，是那位文弱清秀的林觉民。

我曾看到过一张据说是林觉民就义前的照片，镇静坦然，双手被铐，但其面色中似乎还透露出一丝莫名的微笑。这个微笑是无奈，还是留恋？是思念他那曾经卿卿我我的爱妻，还是对年幼的爱女有所交代？这些都只能任后人想象了。

林觉民留给我们的是那封名传千古的与妻诀别书：

意映卿卿如晤，吾今以此书与汝永别矣！吾作此书时，尚是世中一人；汝看此书时，吾已成为阴间一鬼。吾作此书，泪珠和笔墨齐下，不能竟书而欲搁笔，又恐汝不察吾衷，谓吾忍舍汝而死，谓吾不知汝之不欲吾死也，故遂忍悲为汝言之。

对于爱妻，林觉民如此交代：

吾至爱汝，即此爱汝一念，使吾勇于就死也。吾自遇汝以来，常愿天下有情人都成眷属；然遍地腥云，满街狼犬，称心快意，几家能彀？司马青衫，吾不能学太上之忘情也。语云仁者老吾老以及人之老，幼吾幼，以及人之幼。吾充吾爱汝之心，助天下人爱其所爱，所以敢先汝而死，不顾汝也。汝体吾此心，于啼泣之余，亦以天下人为念，当亦乐牺牲吾身与汝身之福利，为天下人谋永福也。汝其勿悲！

对于过去卿卿我我的爱情，林则有如此温馨的回忆：

吾真不能忘汝也！回忆后街之屋，入门穿廊，过前后厅，又三四折，有小厅，厅旁一室，为吾与汝双栖之所。初婚三四个月，适冬之望日前后，窗外疏梅筛月影，依稀掩映；吾与汝并肩携手，低低切切，何事不语？何情不诉？及今思之，

黄花岗七十二烈士墓园，正门仿凯旋门，门额“浩气长存”由孙中山先生题写。墓的中央建亭，内立七十二烈士墓碑。图为碑亭后用 72 块花岗石砌就的金字塔形纪功坊，坊顶立高举火炬的自由神像。黄花岗起义死难烈士共 100 多人，有姓名可考的有 86 人，铭于碑阴（摄影·林帝浣）

黄花岗顶为七十二烈士陵墓，以花岗岩石砌成方形墓基，四周围着铁链栏杆，墓的中央建一亭，亭内立“七十二烈士之墓”碑。亭顶形如悬钟，寓意争取自由的警钟长鸣（摄影·姬东）

空余泪痕。

而对于年幼的女儿和尚未谋面不知男女的另一个孩子，林觉民叮嘱妻子说：

依新已五岁，转眼成人，汝其善抚之，使之肖我。汝腹中之物，吾疑其女也，女必像汝，吾心甚慰。或又是男，则亦教其以父志为志，则吾死后，尚有二意洞在也。甚幸，甚幸！

2000年前，太史公司马迁就说过：人固有一死，或重于泰山，或轻于鸿毛。不到1000年前，文天祥也说过：人生自古谁无死，留取丹心照汗青。生生不已，是人类社会的常态，谁也不可能永生不死。死是每个人的归去，是永生。但是又有多少人能够像林觉民、方声洞等黄花岗烈士那样坦然、那样从容呢？

等来的机会

来到黄花岗，职业习惯使我不由自主地想象100年前那个血雨腥风的夜晚，想到更早几个月孙中山、黄兴、赵声、胡汉民等革命领袖在马来西亚槟榔屿召开的秘密会议。

鉴于清廷不断加大立宪步伐，鉴于革命实际上已经陷入低潮，甚至说毫无希望，孙中山等人决定破釜沉舟，无

孙中山有感于“革命尚未成功”，于 1924 年在广州市黄埔区长洲岛创建“中国国民党陆军军官学校”，史称黄埔军校，首任校长为蒋介石。1940 年行宪后改称“中华民国陆军军官学校”，后迁至台湾，沿用此名至今（摄影•姬东）

论如何也要在清廷宣布进入立宪时代之前大干一场，挽救革命，力争卷土重来，至少也要在中国革命史上留下重重一笔。

经过缜密讨论，他们决定再在广州举行一起大规模的起义。鉴于不久前广州新军曾经发生过一次哗变，且具有明显的革命性质，孙中山、黄兴等人准备这一次广州起义除了从境外调一些军事骨干外，主要依靠广州新军。按照规划，他们从各方面整合出一个500人或800人的敢死队，以迅雷不及掩耳之势攻打两广总督府，占领广州，然后由黄兴率领一支不断扩充着的队伍挥师北伐，入湖南，捣武昌，顺流而下，攻南京，或许可以像半个世纪前的洪秀全太平军一样，势如破竹，一举成功。另一路由赵声率领出江西，入安徽，直插南京，与黄兴部会师南京，然后合力北伐，直捣北京，推翻清廷，重建一个汉民族的新国家。

对攻打广州的计划，黄兴、赵声等也有周密安排，他们成立了统筹部、调度处、储备课、交通课等，甚至还设立了一个放火委员会，届时配合主力进攻，四处放火以扰乱敌人，迷惑清军。

1911年4月23日，黄兴由香港潜入广州，在两广总督府附近安营扎寨，设立起义总指挥部，并适时根据变化了的情况将原定起义日期、进军路线等进行调整。

计划总是跟不上变化。4月27日傍晚时分，黄兴率领敢死队120人按照计划直扑总督府，很快与总督府卫队接火，枪弹齐发，卫队管带毙命，两广总督张鸣岐匆忙逃往水师提督衙门。黄兴一队在总督府找不到张鸣岐，遂将总督府付之一炬，冲杀出来，正面迎击闻讯赶来的水师提督衙门亲兵卫队，一场遭遇战异常激烈，死伤惨重，黄兴也在这个时候被打断了两个指头。

黄兴率领的120人孤军奋战，再也不见各路大军，不见各路援军，先前的计划化为泡影，120人所剩无几。黄兴等人只好边战边退，乘着夜幕化装逃出广州。

黄花岗烈士陵园最初说是72人，其实后来继续收集，这场起义死亡在100人以上。也就是说，黄兴率领的120人的敢死队，活下来的包括黄兴在内不会超过20人。

起义失败后，黄兴潜伏在香港疗伤，孙中山再度流亡海外，宋教仁潜伏上海寻找新的出路，其他革命党人也都星散各地。在清廷立宪安排中，没有这些革命党人的机会，除了一部分人放弃革命，介入立宪运动，更多的革命党人陷入深深失望中。

然而，天无绝人之路，机会总是有的，关键是坚持，不论这种坚持是主动还是被动。6个月之后，武昌新军发难，清廷走上绝境，星散国内外的革命党人重新聚拢。17年的奋斗与坚持，终于为中国迎来了一个新的时代。

革命的魔力

一眼望去，所有来访者都能看到黄花岗墓坊上“浩气长存”四个大字，这是孙中山的墨迹，苍劲有力。烈士墓修筑在岗陵上，纪功坊耸立在墓后。墓道两旁苍松翠柏，绿树成荫，烘托出满地黄花，交相辉映，整个墓园庄严肃穆，如今既是人们休憩之所，也是凭吊、追怀古人的场所。

面对烈士墓，我莫名想到一个非常不敬的问题。这些死难者都是青春少年，正在如花之季，大都是二十五六岁的年龄，也大都出生在殷实之家。论经济，他们或许并不是清贫如洗，食不果腹，他们即便不是衣食无忧，也不至于赤贫，但他们选择赴死。这需要多大的勇气？

根据史料记载，黄花岗七十二烈士中，许多人已经结婚生子，上有老下有小，

黄埔军校一景（摄影•姬东）

有父母需要孝敬需要奉养，有儿女需要抚养需要教育，但他们义无反顾视死如归，抛妻弃子，投身革命，不惜流血牺牲。他们到底为了什么？革命的意义究竟是什么？为什么会有这么大的魔力？

革命的发生自有发生的原因。自从孙中山找到中国问题的症结之后，一大批有志青年不断加入到革命者的行列中。这些青年看到清廷的立宪具有先天缺陷，与其浪费时间等待清廷将中国带上君主立宪的路，为什么不能像法国人100年前所做的那样，推翻皇权，恢复民权，重建一个人人平等，没有皇帝、没有贵族的新国家新社会呢？于是这一代青年，从1895年追随孙中山闹革命，流血牺牲，无所

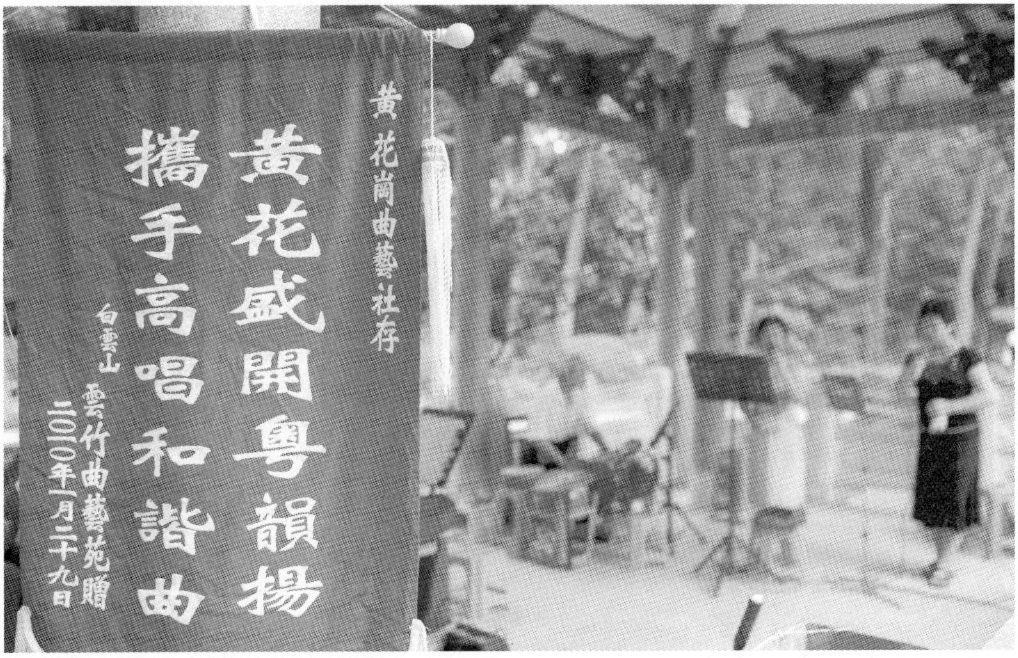

图为黄花岗曲艺社成员在表演。广州人喜唱粤剧（广东大戏），它最初演出的语言是中原音韵，又称为戏棚官话。清末时，成为宣扬革命的工具之一，改为粤语演唱，广东人更易听懂（摄影·林帝浣）

畏惧，向着认定的目标坚定不移地走下去。

就像1911年4月的黄花岗起义一样，辛亥革命前牺牲的烈士都没有看到革命的胜利，他们甚至不知道革命何时会胜利，无法想象革命究竟是否能最终胜利，但他们依然义无反顾地这样做，依然一次又一次用自己的生命给清廷以沉重打击。

包括黄花岗起义在内的数十次武装暴动，确实没有从正面击中清王朝，清王朝的消亡确实不是来自革命党人的直接打击，但是革命的意义在晚清十年极为巨大，其功能就是倒逼清廷踏上政治改革的不归路。试想，如果没有孙中山等革命党人长时期不懈坚持，清廷会在1901年重启新政吗？如果没有吴樾舍身去炸五大臣，没有在此前后数次起义，没有徐锡麟刺杀恩铭，清廷能够开始预备立宪吗？即便到了最后，假如没有这场黄花岗起义，没有如此惨烈的牺牲和悲壮，清廷大约依然会如常宣布步入君主立宪新时代，如约宣布亲贵内阁、皇族内阁，如约宣布铁路干线收归国有。面对如此倒行逆施，立宪党人不接受，全国民众不认同，甚至连大清国的柱石南北新军都在骚动准备发难，由此不难看出黄花岗起义在这一系列重大历史事件中所起的催化剂的作用。孙中山在《七十二烈士事略序》谈到黄花岗起义意义时说：

是役也，碧血横飞，浩气四塞，草木为之含悲，风云因而变色，全国久蛰之人心，乃大兴奋。怨愤所积，如怒涛排壑，不可遏抑，不半载而武昌之大革命以成！则斯役之价值，直可惊天地，泣鬼神，与武昌革命之役并寿。

这个说法是中肯的，黄花岗起义即便不是武昌起义的导火索，但黄花岗起义给国人以震动，以刺激，唤醒了沉睡的东方巨狮。

武昌，昔日风雷

胡榴明

人民一律平等。

——《中华民国鄂州约法》第五条

英国现代作家毛姆的小说《面纱》，在2006年由好莱坞改编成电影全球上映。片中提及20世纪初期中国大陆海外通商大都市，第一是上海，第二是汉口。

晚清以及民国，中国境内外将武汉三镇统称作“汉口”，有意或无意忽略了武昌和汉阳两城——从长江下游来，称“到汉口”；从长江上游来，称“下汉口”；从周边县乡来，称“去汉口”。汉口，当年人们的梦，梦中的繁华，化做历史上的真实，平湖大泽之间浮起一座新城，150年的沧海桑田，这就是汉口。

但在汉口还没有兴起之前，武昌，如北京和南京一样，是一个政治和经济双向兴盛的古代大都市。

武昌城的兴盛自南宋起，当时是长江流域三大城市之一（另两个是扬州和镇江）。陆游的《入蜀记》有过详细描述——城内建设：“出汉阳门江滨，城上居民市肆，数里不绝。其间复有巷陌，往来幢幢如织，盖四方商贾所集……”江上景象：“贾船客舫，不可胜计，衔尾者数里……”城内外商市：“市邑雄富，列肆繁错。城外南市亦数里……虽钱塘、建康不能过，隐然一大都会。”

元代时，武昌正式成为湖广地区行政及经济的中心。1290年，为湖广行中书省治所在地，管辖区域从今天的湖北中南部一直延拓到中国中南及中西部。明、清两代，布政使司衙门（即藩司署）设在武昌城内。清代，湖广总督署设在武昌（紫阳路、王府口一带），1911年辛亥首义的当晚被炸毁。

当年的武昌老街，大道开阔，小巷幽深，一律青石板铺地，每行走数十步掘一口井，石砌井栏，井水清冽，行人随时随处可以饮用。街道坊间屋舍俨然，气象森严的衙府，户盈罗绮的商埠，静守门户的民宅。武汉三镇，武昌建城最早，方城四面合围，经历过宋、元、明、清、民国数代的兴衰，商业驿站和行政中心合而为一。察院巷、后宰门、九龙井、都府堤、粮道街、胭脂路、保安街、王府街、司门口、长街……蛇山南面，从山腰到山脚的街巷，街面的青石，街边的水井，最早是明代楚王宫殿的废址，渐渐地有寻常百姓来这里住家。西方传教士是

❶在古黄鹤楼原址上修建的奥略楼是晚清湖北人为纪念张之洞而建，1956 年修建长江大桥武汉一桥时连同黄鹄矶一起被毁

❷湖广总督张之洞 1889 年来湖北施行湖北新政，走改良自强之路，试图挽救中国

武昌城墙外边的开发者，花园山县华林的周遭方圆，古街巷内的新街巷，古遗址上的新建筑，100年之后的今天，当年曾经是焕然一新的一切，街巷，还有房屋，早已在时光中匆匆地变老。

1861年汉口开埠，1889年后张之洞新政，倡导社会体制改良变革，在武昌城北建武丰堤，城南建武金堤，坚固沿江堤防，形成完整的长江南岸防水体系，阻挡长江大潮向城区侵入；在老城墙上新开“通湘门”，与湖南、广西以及更南边的福建和广东相通；加紧城区内外的建设，广建学府和书院，支持华埠工商业，在武昌老城圈以外开发工业区及居民区……

当时的武汉三镇，新生事物层出不穷，宏图伟业，国计民生，人人心神振奋，国家和个人的前途似乎从没有像那样光明灿烂。

1889年，两广总督张之洞上书清朝廷，力排众议，取得“在中国腹地的铁路修筑权”。同年，他调任两湖总督，来湖北省府上任，大力推行“新政”，鼓励外资引进，扩大华洋贸易，鼓励华商投资，以湖北为试点，大兴近代工业、交通、能源等经济建设，11年间，在湖北投入大量财力和物力。

1900年，卢汉铁路（京汉铁路）已经快铺到湖北，汉阳铁厂和兵工厂已经建成投产，萍冶煤矿和大冶铜矿、湖北制币厂和湖北缫丝厂兴建；汉口新城区建设如火如荼，其中有张之洞主持修筑的阻挡洪水进入城区的张公堤，有扩大城区版图的后城马路（今中山大道），有拨官银万两协助华商集资建设的汉口水厂和发电厂，另外有大批官商工业投资建设项目正在完成之中，还有优先于全国的教育改革，创办之中的现代化学校和图书馆。

1889年张之洞督鄂（任湖广总督19年），被视为武汉现代化发展历程的重要界标。

起义门和鄂军都督府

起义门，原名中和门，位于武昌首义南路南端，武昌古城九大城门之一。中和门是武昌城南向大门，也是九大城门中唯一保存至今的一个城门，现为省级文物保护单位。

古时的武昌城，并不是如今天这样坦荡荡浩汤汤立于长江南岸，而是沿着市区的周边筑一圈高而厚的城墙，青砖厚墙，将古武昌围得如铁桶一般，东南西北，四方八面，九个城门，固若金汤。城内是官衙是学府是商埠是民居，城外是田地是田野是山岭是湖泊。

先前武昌城不大，从长江岸到大东门，从蛇山南麓到今天的首义路南端，之间南瓜形一片，就是当年的古武昌。城墙围绕着一块城区，有大东门、新南门、保安门、望泽门、竹门、平湖门、汉阳门、草埠门、小东门。

1535年（明嘉靖十四年），都御史顾磷重修武昌城，改大东门为宾阳门，新南门为中和门，望泽门为望山门，竹门为文昌门，草埠门为武胜门，小东门为忠孝门。清光绪年间，湖广总督张之洞在中和门和宾阳门之间开出一个新城门——通湘门，设火车站于城门外，直通湖南，所以得名。

中和门，因为记载辛亥历史而特许保留——一圈城墙倒塌了，剩下一个空空的城门，留在城边的荒山坡上，孤独不孤独，就不关谁的事了。

1911年10月10夜晚，湖北新军工程营发难，占领楚望台，攻下中和门，迎接南湖炮队进城；然后猛攻清廷湖广总督府，占领武昌全城，控制蛇山高地，武昌起义成功，三镇光复。辛亥革命胜利之后，中和门被誉为“革命胜利的开端”。民

原名中和门，为明代武昌古城九门之一。1912 年更名为起义门。其他城墙和城门，于北伐战争时，被攻下武昌城的国民政府下令摧毁，因起义门记载辛亥历史而特许保留。现为修缮后的起义门（摄影·俞诗恒）

1911 年 10 月 10 日傍晚，武昌革命党人率领起义军迅速占领控制了中和门，随后起义军将火炮架在中和门城楼上，居高临下炮击湖北总督府（摄影·村民）

国元年，改名“起义门”。

城门名改来改去，老百姓不管那些，想怎样称呼就怎样称呼，怎样顺口就怎样叫，所以，后来的人得把前后改动记得烂熟，例如大东门没人叫它宾阳门，小东门没人称忠孝门，而武胜门民间多称草埠门，如此等等。

段祺瑞督鄂，改回“中和门”，顾虑“起义”两字的含义。

1926年北伐战争，吴佩孚和叶廷、唐生智在大东门城外打得昏天黑地，北伐军围武昌城40天，城内居民饿死，城外军人战死，尸体堆积，炮火掀天，战争就是灾难。

进城之后的国民政府，一声令下，毁掉全部武昌城墙，糟蹋了550年的历史古迹。

1949年后，恢复“起义门”名称。1956年，公布为省级文物保护单位。

1956年、1981年、1991年数次重修。修复后的城楼高11.3米，城门高7.1米，宽5米，钢筋混凝土仿木结构，重檐歇山顶，使用原有城墙砖，门洞上方嵌大理石匾额，叶剑英题写“起义门”三字。

2006年，在起义门前方挖出瓮城遗址。

2010年，开始楚望台遗址公园工程建设。规划是：以起义门为中心，往东230米建广场和园林，往西复建一段仿古城墙。另外，准备在蛇山北麓重建武胜门(即草埠门)，与起义门遥远相对，中轴两端，中轴穿越武昌城，中间是红楼和阅马场，沿着这道轴修一条阔路，沿途景观景点，2011年竣工。

鄂军都督府，武汉人称“红楼”。1961年，国务院列为全国文物重点保护单位。鄂军都督府，也称湖北咨议局大楼、湖北军政府大楼。1981年，为纪念辛亥革命七十周年，辟为辛亥革命武昌起义纪念馆。

江汉关大楼位于沿江大道与江汉路交汇处，建成时为武汉最高建筑和标志性建筑之一。清政府于 1862 年在此地设立海关，名江汉关。现存的这座大楼建成于 1924 年（摄影•村民）

北部，从长江大桥武昌桥头过来，经过黄鹤楼，顺着蛇山走，一块山坡平地，右侧是新建的湖北剧场，左侧一大片草坪区——武昌阅马场。广场尽头立孙中山铜像，背后一个大院子，院子耸立一幢红砖大房子，就是红楼。

红楼是看不厌的，无论你在里边待多久，你都会喜欢它。它很博大，很富丽，很美，很亲切，因为我在这里边住过一个夏天。它建于1908年，占地28亩，建筑面积6199平方米，房屋11栋，包括主楼和附楼，屋前有广场，屋后有花园。

主楼台基为花岗岩石，以扇面撒开形的阶梯向上。主楼和附楼面对广场正立面，全为外廊设计，上下透空的构筑与建筑庄重正式的样式相糅合，四根方柱直顶檐下，柱头雕花，山花雕花，附楼檐下拱券相间的花饰，全部为白色，大面积红砖，白色雕饰为点缀。整幢大楼色彩明艳夺目，为高贵典雅的欧式古典建筑风格。

湖北军政府大楼分办公与生活两部分，主楼及附楼为会议厅及办公室。主楼正中为方形会堂，讲台坐北朝南，设有软座132席和木制弧形长桌，地面由北向南逐步升高成扇形。如果从二层进去，你就会站在最后也是最高一层听众席上，往大厅的中央，看着会议的主持者。

它原为清廷“湖北省咨议局”大楼，始建于清光绪三十四年（1908年）。武昌起义后，咨议局议长汤化龙邀请革命党人进驻此楼。

湖北军政府就此设立，督请湖北新军总督黎元洪弃旧图新，担任湖北革命军领导人，即鄂军都督，所以又名鄂军都督府。

当年，武昌举义革命党人在这幢楼内举行重要的军事政治会议，通电全国宣布起义成功，一天之内14省回应，后来18省响应；指挥三镇军民历时41天的阳夏保卫战，对抗清军反扑；黎元洪接待从香港转道上海来湖北的黄兴，并在阅马场举行“拜将仪式”，任命黄兴为阳夏之战总指挥；宋教仁来湖北，在这幢楼内拟定《中华民国鄂州临时约法》（《鄂州约法》），这是中国历史上第一个民权宪法草案。

辛亥革命期间，在红楼主持工作的湖北革命军政府领导人有黎元洪、汤化龙、宋教仁、吴兆麟、蒋翔武、居正、刘公、孙武、蔡济民、李翊东、高元藩、张振武等。

南京临时政府成立前近三个月内，红楼曾一度代行中央政府的职权。

1998年设为纪念馆以后，楼内设“辛亥革命文物史迹展览馆”，陈列有军政府大门、军政府礼堂、黎元洪住房和会议室，黄兴召开军事会议的房间，孙中山会见湖北各界军政要员的房间。展厅有珍贵历史文物500多件。

红楼前面的阅马场中央立有辛亥革命纪念碑。

坚守·议和

11月27日，清军进驻汉阳，占领龟山炮台，炮口对准蛇山头上的奥略楼。

袁世凯下令冯国璋再一次按兵不动。

这一天，湖北军政府在红楼召开紧急会议，商讨今后决策。黄兴说:“汉阳守不住，武昌也不一定能守住，我个人意见，不如大家随我顺江而下，放弃武昌，我们去南京如何?”

在场的湖北革命党人望着他，一个个眼中出血，先前的尊重化为愤怒，高声喊道:“头可断，武昌不可丢!”众怒难犯，黄兴知道多说无用，当天下午和田桐从武昌草埠门（即武昌北门武胜门，武昌积玉桥得胜桥街口，毁于1927年）乘船去上海，后来去南京。11月29日，黎元洪任命蒋翊武为战时总司令，湖北军政府决定:“坚守武昌，城在人在，城亡人亡!”

北洋军和革命军，隔着大江南北对峙，战斗停了，炮声息了，硝烟渐渐散去，留下被战火焚毁的街市静静地躺在冬天的阳光下，表面上安静下来了的三镇急坏了西方各国。

西方人考虑的是本国利益，清政府早已是他们手上洗顺了的一副牌，虽然已经腐朽，但是容易掌握。所以辛亥革命之初，几乎所有的西方各国在华势力都不支持起义力量，他们不清楚中国的局势下一步将会如何发展。尽管起义者宣布承认之前西方各国在华权利，承认之前与西方各国签订的所有条约。但

高楼林立、车水马龙的新武昌之徐东。这块通过长江二桥连接武汉南北的南岸桥头堡，如今已是十分重要的交通枢纽与商业重地（摄影•村民）

❶革命之后，湖北省军政府在此成立（摄影·村民）

❷武昌蛇山南麓、阅马厂广场北端的绿树丛中，掩映着一组红色的建筑，它就是辛亥革命的著名胜迹——武昌起义军政府旧址，亦称红楼

❸长江大桥桥头堡下，武昌市民在吟唱。大桥横跨于武昌蛇山和汉阳龟山之间，是我国在长江上修建的第一座铁路、公路两用桥梁。在前苏联政府的帮助下，1957 年 10 月 15 日建成通车。50 余年来，大桥桥墩曾遭受过 76 次撞击（摄影·俞诗恒）

❹100 年过去了，当年那一声推翻专制而震惊世界的枪声早已是过往烟云。如今空余为起义门附近的破败小巷（摄影·村民）

是，革命对于一个现存利益的拥有者，即便不是矛头所指，也会终日惶惶不安，感到一种巨大而潜在的威胁。英国、美国、俄国、法国、德国、日本等国都这么想：与其坐待，不如决策。于是英国在华公使朱尔典成为南北调停的一个中心人物。在那一段时间里，英国驻汉口总领事葛福秉承英国公使的指令，在汉口与武昌之间、在清政府与临时军政府之间、在北洋军队首领袁世凯与起义军代表之间穿梭。

1911年10月至12月，英海军五艘军舰一直在长江江面游弋，虽高度战备，但只是作观望姿态。英国及其他各国在武汉的军力都不愿轻举妄动，避免失策，他们绝不想轻易地失去长江中下游的权益。随着革命形势如火如荼地发展，他们对腐败得不堪一击的清政府的拯救宣告无望，于是便策动袁世凯代表清朝廷与武昌革命政府进行停战议和。

当北洋军一军军统冯国璋在阳夏之战中耀武扬威的时候，北洋军二军军统段祺瑞跑到哪里去了？原来袁世凯早有安排：11月13日，段祺瑞被派往山西处理吴禄贞刺杀案，留冯国璋一人在汉口作恶。11月18日，段被袁世凯召回湖北，授湖广总督一职，为下一步南北议和埋下伏笔。12月4日，袁世凯换下被阳夏百姓及武昌军政府切齿痛恨的冯国璋，委任段祺瑞统辖北洋军一、二军军权，驻司令部于孝感，一边以武力震慑三镇，一边配合英领事与湖北军政府展开停战和谈。

袁世凯知人善任，一武一文，军事上利用冯国璋，削减湖北地区革命党人的兵力；外交上利用段祺瑞，督迫清廷退位谋求共和。有人说，袁世凯见武昌易守难攻，转而谋求南北议和。

在接受清廷督请来湖北之前，他早已向摄政王载沣（醇亲王，清光绪载湉的胞弟，清宣统溥仪的父亲）开出六大条件：召开国会、重组内阁、宽容武昌革命党

一条并不很长的小巷，承载着几十年缓慢的历史变迁。爆米花师博在夜色中憨笑：我是个穷人，照我干什么（摄影•村民）

武昌城和市民与长江水有着不解之缘，汉江与长江交汇处就在市中心。在这生活的百姓出门就可面对这两江。它见证了百年来这里人们的命运（摄影·俞诗恒）

武汉中央文化区一期，位于武昌区东湖和沙湖之间，地理位置相当于武汉市的几何中心。2011 年 9 月 30 日开业的汉街以民国风格建筑为主体，穿插以时尚元素，沿楚河南岸而建，总长 1.5 公里，是目前中国最长的城市商业步行街（摄影•俞诗恒）

人、解除自戊戌变法以来对党群社团的禁止令、需委以全国水陆军及军队编制的权力、补足军饷。袁的谋略部署在先，既不会匍匐于清王室脚下，也不会投靠革命党人分一杯残羹，他要借武昌起义撼动国内外的狂飙惊雷，造一个归属自己的天地。

早在10月27日，袁世凯受命，先在信阳后到孝感，设司令部作督军状，但是心并不全在湖北，国家动乱，重新出山，需要他考虑的事太多了。11月13日，袁世凯奉召进京，阳夏之战全权交给冯国璋。战争是政治的一部分，其他手段决不能轻视。积极组织责任内阁，秘密与朱尔典会晤。两天后，英国政府表态：希望袁世凯组织一个“强有力”的政府，“这个政府将会得到我们提供的一切支持”。

这就是辛亥革命的结果。

假如没有袁世凯会同西方各国介入，后面的路也许是另外一番模样：战争持续，城市毁坏，更多的尸体和更多的鲜血。至少海军统领萨镇冰就是这样想的，在接到学生黎元洪的劝请信后，他长叹一声，说:“不忍看同胞骨肉相残杀……”便放弃舰队指挥职务，登太古洋行（英国轮船公司，旧址在汉口沿江大道140号今武汉航运工程局）轮船回上海。

11月14日，清海军舰队参谋长汤芗铭（湖北军政府要员汤化龙的胞弟）在九江宣布起义，支持湖北军政府，率海容、海琛、湖鹗3艘军舰返航汉口武昌江面，炮口调转，对准清军。11月26日至12月1日，汉口英国总领事葛福派最善汉语的英国人从汉口乘木船过江到武昌，湖北军政府也派特使过江来汉口英总领馆，南北停战议和的策划在长江两岸紧锣密鼓地酝酿。

12月1日，湖北军政府代表蒋翊武和吴兆麟，北洋总理大臣袁世凯代表刘承恩和蔡廷干，在武昌宝通寺（古刹，位于武昌大东门外今武珞路路边）签订停战协议。

12月2日，南北停战开始。

12月9日，由英驻汉总领事葛福敦促签押，南北双方正式签订全面停战协议，各省代表齐聚汉口英租界，由英领事葛福安排在顺昌洋行（英商轮船公司，旧址在今汉口沿江大道，门牌号不详），举行南北调停谈判。月底，南北议和谈判由汉口移到上海，在上海公共租界工部局继续会谈。席间，英、美、法、日、德、俄六国驻上海总领事采取一致行动，督促南北双方“停止现行冲突”，尽快成立共和政府。

1911年12月25日，孙中山自海外回国，并于1912年1月1日在南京宣誓就任中华民国临时大总统。

东湖位于武昌二环与中环之间，湖面面积 33 平方公里，是中国最大的城中湖，也是最大的楚文化游览中心。东湖周边聚集了武汉大学等 26 所高等院校（摄影•俞诗恒）

长江路南京的背影

■ 严晓霖

> 南京新政府无庸建设华丽宫殿，昔日有在旷野树下组织新政府者。今吾中华民国如无合宜房宇组织新政府，则盖设棚厂以代之，亦无不可也。
>
> ——1911年孙中山答《大陆报》

朱自清形容在南京游历就像逛古董铺子，到处都有时代侵蚀的痕迹。也许是经历过太多的荣辱兴衰，这座城似乎一直站在那些逝去王朝的背影里。

在南京城中行走，最怡人是暮春。不仅为着湿糯的暖风、满街法桐碧绿中还留着一丝嫩黄，还因为这座城市最特别之处，在于古今、新旧的错落杂处。

自钟山脚下的中山门由东向西进城，明代青石城墙不远处，便是维景国际大酒店（原希尔顿酒店）的现代高楼。再往前，又接上了明故宫的斑驳宫墙。与戒备森严、以此为蓝本建造的北京故宫不同，这里是全然开放的，市民们用扶老携幼放风筝的方式缅怀城市作为“六朝古都”、“十朝王城”的昔日荣光。

由于经历了太多的王朝更迭、战火洗礼，老南京都说这座城，“墓在城中，城在墓中”。这些殿宇、石刻、辟邪、墓葬，在暮春时节的草木深处透出“感时花溅泪”的萧瑟。它们是这里曾经风华的见证，亦为今日的喧嚣抹上了一层忧郁的底色。

被消费的1912

孙中山、黄兴们一定无法想象，他们创立的民国元年——1912年，会在后世变成一个以酒吧、餐饮为主打商业地产项目的品牌名称，在南京、无锡、扬州等周边城市复制、扩张。

总统府墙外的“南京1912”，是南京夜生活最魅惑也最奢靡的地方，地标性质类似新天地之于上海。不同于新天地的石库门基底，这里由17幢仿民国风格建筑及“共和”、“博爱”、“新世纪”、“太平洋”4个广场构成。虽然簇新，开设的

1910 年的南京秦淮贡院（摄影·［日］山根倬三）

店家亦与其他城市、其他风格的精品商业街无甚差别，只是这满眼的青灰、赭红二色相间，叫人在满眼21世纪高楼的灰白中感到些许安慰。

许多年青一代喜好游荡在此处放纵感官，却不见得有兴趣走进旁边的总统府看看，甚而未必领会这片街区唤作1912的含义。酒精与轻笑是属于当下的，而活在当下的人往往擅长背对历史。

历史爱好者们走进总统府，却如倦鸟归林，缓缓梳理羽毛之余，平添感伤。这座中国近代史上最重要的建筑之一，完整地记录了自明代汉王府，清代林则徐、曾国藩、李鸿章、沈葆桢、左宗棠、张之洞先后在任的两江总督署，“十年

南京总统府旧址已有600多年的历史，1840年鸦片战争至1949年人民解放军占领南京的100多年里，这里更一度成为中国政治军事的中枢（摄影·泱波）

紧挨着长江路的 1912 时尚街区内，酒吧林立，夜晚的这里充满躁动（摄影·泱波）

壮丽天王府，化作荒庄野鸽飞”的太平天国，直至民国、军阀混战、日伪及汪伪政府的日日夜夜。1949年渡江战役结束，红旗插上1928年新建的总统府门楼，才宣告这里可以从绵延数百年的政权更迭和炮火中吁出一口气来。

1949年后的50年里，总统府一直由江苏省政府、政协等机关使用，最多时曾有20多个机关、1000多人在此集中办公，仅有煦园对外开放。1984年起，历时16年，机关陆续迁出，加盖的新建筑予以拆除，部分遗址进行修复，清理完毕的总统府改称中国近代史遗址博物馆，2003年才正式面向公众开放。

除了两江总督署时代的马厩、太平天国时代的煦园和孙中山临时大总统办公处、行政院办公厅、政务局大楼、国民政府主席林森任上建造的总统办公楼（子超楼），许多地方是在受损于二战炮火乃至借鉴史料的基础上复建的，更多仅余残垣的故事只能用史料展览的方式讲述。好在长江路沿街高大围墙、中轴线庭院深深的空间布局完整地保留了下来，参天大树和煦园的小桥流水花径，将一切归于一个静寂的尾音。

两个南京

短短1.5公里的长江路，是1928年由国民政府扩建而成，本身亦似一部浓缩的民国史。自东向西，依次串起总统府、中央饭店、国立美术馆（今江苏省美术馆）、国民大会堂（今人民大会堂）。

今天，标志性的梧桐许多已被伐去，高楼更高、更密。始建于1927年，民国时期政府要员、社会名流出入的中央饭店，已几乎被左右江苏省美术馆新馆、南京市图书馆新馆的庞大身躯遮住。马路对面，是新近树立起的两座写字楼群。

东端不远处的梅园新村，是国共南京谈判时中共代表团驻地，现已建成中国革命纪念博物馆。而国民大会堂，正是1946年谈判结束后国共内战全面爆发，共产党和民盟拒绝参加的国大召开的地方，亦为1948年国民政府的行宪之所。路的南侧，则是前朝背影下的整个大行宫。

孙中山在南京居住、生活的时间并不长，却很喜爱这座城市，他在1917年发表的《建国方略》中形容南京："位置乃在一美善之地区，其地有高山，有深水，有平原，此三种天工，钟毓一处，在世界之大都市诚难觅此佳境也。"

南京城更是注定在一幅宏大背景下与孙中山的名字紧紧连在一起。市中心新街口的中山先生铜像，和沿着中山东路一路东行、出中山门上山可达的中山陵，是今日南京的两大标志。以中山、逸仙为名的城市主干道、桥梁、学校，则散落城中，融进寻常巷陌的生活里。

这并不是一座忙碌、前卫的城市。南京人甚而是保守的，带一股温润的市井气。他们的脸上较少写满对名利的急切，令他们焦虑的更多是现代化不能承受之快：太多的过往和当下还来不及好好端详，就已被迅速掩埋，进入到庞大幽深的地下世界。那里，是另一重叙事下的南京。

在这周围，北至长江路、南至科巷、西至碑亭巷、东至利济巷，有一个空灵的地名：大行宫。它因曾为清代康熙、乾隆两朝皇帝多次下江南的行宫，规模、等级冠全国之首而得名。清咸丰三年（1853年），太平军占领南京，将行宫付之一炬，然后在原址东部，连同今天长江路292号的总统府、当时隔街相望的两江总督署，外加太平北路、长江后街、东箭道以内的L形地带，即今天仿民国建筑、小布尔乔亚情调的酒吧街"南京1912"，一并修建了"宫垣九重"的豪华宫殿：天王府。

清同治三年（1864年），“湘军”攻陷天京，再次将天王府焚烧殆尽，仅余现今总统府内的煦园及园内石舫。而煦园，即为1912年中华民国临时政府成立时孙中山的临时大总统办公室、起居室所在地，以后，又先后作为南京留守府、江苏都督府、督军署等机构的办公处。

1928年，国民政府确立了南京城市规划设计方案《首都大计划》，其道路、区域功能划分基本奠定了今天南京城的骨架。主干道中山路（今中山北路、中山路、中山东路）、陵园路、子午路（今中央路）、热河路、太平路（今太平北路、太平南路）、白下路、玄武路、中华路、国府路，专为党政军机关规划的，即今天的长江路。其中，中山东路、太平路的十字路口就处在织造府、江宁行宫、天王府的中心。建城时所挖土方四散堆积，将一切都遮盖在了脚下。

许多年来，除了在人们脑海中对应大致片区的地名和地铁、公交站名，此处目力所及已无一星半点前尘往事的踪影。2009年，可能是吴良镛最后作品的江宁织造府博物馆主体建筑落成和南京市图书馆新馆工地上的重大考古发现，让掩埋在地下的秘密重见天日。

写在地下的近代史

南京长江路第九中学对面，是江宁织造府博物馆。

据史载，行宫是在始建于清顺治二年的江宁织造府的基础上扩建的。后者管理着南京地区3万多台织机、5万余名织锦工人和依靠丝织业为生的20多万居民（约占全城人口的1/3），年产值达白银1200万两。

由于织成的云锦仅供皇帝和极少数的亲王大臣使用，加上织造多由皇帝的亲

游客在位于长江路附近的总统府内参观（摄影·泱波）

信内务府大臣担任，地位仅次于统辖江苏、安徽、江西三省军民政务的两江总督。曹雪芹便出生在织造府内，并在其中生活了17年。有红学家认为，江宁织造府即为《红楼梦》中大观园的原型。

1984年，江宁织造府博物馆所在地块时为大行宫小学。施工队在此挖掘出了色织燃料、黄蜡、有“大清雍正年制”字样的残瓷碗底、饰有五爪蟠龙图案的瓦铛和滴水等，考古学家认定这里原为江宁织造府的西花园。自1984年确认江宁织造府原址起，便有学者呼吁将地块保护起来，建造曹雪芹故居纪念馆。那时，所在地已成为老城环境整治待改的平房区，市声盈耳。

到2002年，这一想法升级为“江宁织造府博物馆”，内含曹雪芹故居纪念馆、云锦艺术馆和红楼梦文学馆。作为时任玄武区区长的陆冰精心打造的“长江路文化街”的重要组成部分，与总统府、梅园新村、南京图书馆、1912休闲街区、人民大会堂等一起，形成一个主打民国牌的特色文化建筑群。

在玄武区政府的牵头下，历经7年，浙江广厦房产集团共花费7亿元建成了这座灰黑色现代建筑外观、古典园林内核的民营博物馆。设计者吴良镛作为南京人，对其倾注了对家乡的情感和理解，将设计概念形容为“盆景”：园林水台，江宁行宫之精华，像秦砖汉瓦般嵌在非常精致的红木座子里，外壳包以云锦图案。有趣的是，绝大多数展厅设置在地下。在地下与掩埋于地下的织造府古今对话，这也许并非设计者的出发点，但别有一番意味。

可谁知，2009年1月，概念前卫的“新江宁织造府”甫一面向媒体试亮相，旋即招来“7亿造假古董”的漫天恶评。这其中，误解当然是有的，但质疑也非空穴来风。博物馆展出什么、展品何来、盈利模式何如……都还没有清晰的答案。

对在南京博物院做了20年院长、已然“安全着陆”的徐湖平来说，接下江宁织造府博物馆馆长的位子，是一次名誉的冒险。不再有几十万件文物可供调用，这里只有遗址和一座建筑的空壳。虽然动用了一切私人关系和资源，但仅靠零散的拼凑，没有系统，显然不是长久的生存之道。

2009年，云锦申遗成功，南京市专门划拨了水西门附近土地给老国营厂出身的云锦研究所建造生产车间和博物馆。存世的国家级云锦工艺美术大师和“非遗”代表性传承人，旧式织机、云锦文物，全部都在那里。站在织造局原地的这座以织造局为名的博物馆，又该如何下云锦这盘棋？

直至今天，博物馆在长江路正门前树立了3年的广告牌终于拆去了，但仍没有对外开放。倒是西侧碑亭巷里打出“江宁织造府”招牌的小旅馆，已然开张营业。

六朝旧梦深处

也是在2009年，博物馆东侧、相隔一条太平北路的南京市图书馆新馆建筑工地上，发现了地下的砖铺道路，上有清晰的车辙印记，砖石上刻有铭文“咸康王”，纪年则为“东晋”。

南京大学历史系教授蒋赞初先生认为,“这极有可能就是六朝时期建康（南京古城）宫城正门正对着的御道。道路旁的砖井极为考究，原先应建有井亭，不是一般民间使用的水井，当为皇家建筑所有。至于同期出土的莲花纹瓦当，人、兽面纹瓦当以及青瓷器，可能属于原中央衙署”。如果推论全部成立，今天的太平北路、太平南路一线，就是六朝时期的城市中轴线。

这一发现可谓石破天惊，考古界为找寻这一位列华夏三大都城文化的古迹踪影，已用去将近一个世纪的时间。这意味着，在天王府、江宁行宫、江宁织造府

街头雕塑（摄影•泱波）

这样的女士塑像很有民国范儿。南京城，作为民国曾经的首都，一度引领民国风气（摄影·泱波）

层层叠叠的地下王城之下，还藏着一个六朝宫城的中央地带。

这些废墟之上，今日的大行宫一再引发南京市民的关注和争议，却是因为旧城改造。南京这些年来屡次令全国民众揪心愤懑，不外是因改造而引发的“拆”——城南明清两朝手工业者聚居区和市民社会主体已强拆殆尽；“砍”——奉安孙中山灵寝前夕从上海法租界购得的千余株法桐及后来采纳为行道树的15万株梧桐因妨碍道路拓宽、高架搭建和地铁挖掘遭遇大量砍伐，温和的南京人亦怒而上街游行。

地面以下的故事得以拣出来翻晒，倒似成了大拆大建挖地三尺决心的副产品。

作者简介

撰　文

马　勇　中国社会科学院近代史研究所研究员，著作包括《梁漱溟评传》、《中国现代化历程》、《从维新运动到义和团》、《超越革命与改良》、《1911，中国大革命》等。

张　鸣　中国人民大学政治系教授，著有《武夫治国梦》、《乡土心路八十年》、《乡村社会权力和文化结构的变迁》、《军阀与五四》、《辛亥，摇晃的中国》等。

薛理勇　上海史专家，上海市历史博物馆学术委员会副主任，任上海史志学会理事等职，著作包括《上海沧桑百年》、《旧上海租界史话》、《外滩历史与建筑》、《消失的上海风景》等。

许知远　商业周刊中文版主笔、《生活》杂志联合出版人。出版有《那些忧伤的年轻人》、《纳斯达克的一代》、《中国纪事》、《祖国的陌生人》等。

李　翔　第一财经周刊总主笔，曾任经济观察报主笔，经参与创办《生活》杂志和《东方企业家》杂志，出版有《商业领袖访谈录》和《成长地标》、《沸腾的十年：2000~2009年的中国记事》等。

陈　远　中国周刊总编助理，香港中文大学访问学者。关注中国近现代思想史、知识分子研究，著作有《消逝的燕京》、《被忽略的大师——李宗吾传》、《道器之辨》等。

吴策力 现居成都，评论员，《足球》记者。出版有《中国足球内幕》（共同作者）、《晚清的极品人,极品事》。

胡榴明 女，现居武汉，自由作家。出版有《夕阳无语·武汉老公馆》、《三镇风情·武汉建筑百年经典》、《汉口老房子》（纪录片）等。

金满楼 海派70后作家，专注于历史写作与时政评论，已出版《辛亥残梦：帝国崩溃的前夜》、《北洋往事》、《女人当国》、《民国原来是这样》等十余部作品。

李 刚 毕业于南开大学历史学院，现供职于出版机构，出版有《犁与刀》、《大清帝国最后十年》、《辛亥往事》等。

胡 弦 诗人，现居南京，《扬子江诗刊》编辑，作品入选多种年度最佳选本。曾获《诗刊》社“新世纪（2000—2009）十佳青年诗人”。

刘正初 湖南省浏阳市文联副主席、秘书长，浏阳市民间文艺家协会主席。主要著作有《乡土树上的青春果》、《青春苦旅》等。

何玉新 《天津日报》文化专副刊记者。长期供职于媒体，关注近代城市变迁，致力于城市风貌建筑、人文生活解读。

吴久久 媒体人，现居北京，曾任《东莞时报》、《看天下》记者。

严晓霖 女，先后供职于南方报业、锦绣杂志，现为《看天下》记者，曾获南方报业2009年度记者。

陈 祥 媒体人，现居北京，先后供职于《南都周刊》、《凤凰周刊》。

陈 鲲 媒体人，供职于网络门户，关注日俄战争等军事史研究。

摄影师

钱东升 先后在《青年报》、《新民周刊》等媒体任摄影记者、图片编辑。现任现代传播集团摄影总监。曾获“华赛”等摄影奖，出版有《肖像摄影》。

姬　东　毕业于南京师范大学美术系摄影专业，先后任《新周刊》、南方都市报摄影记者广州日报图片总监，现为时代周报首席摄影记者。

江　浩　现为济南日报摄影部副主任，山东省摄影家协会副秘书长，济南市摄影家协会副主席。曾获第四届国际民俗摄影“人类贡献奖”一等奖，出版有摄影集《生存》。

邝锦琼　先后任fotoe网站副总经理、《新快报》图片编辑，《秘境PHOTO》编务总监。曾参与《中国人本》等摄影展览的筹划和实施。

王　牧　《炎黄地理》杂志图片总监，出版有摄影图书《超越平凡的人文摄影》等。

泱　波　原籍江苏启东，现居南京，毕业于南京师范大学，现为中新社摄影记者。

村民（马波）　专注于社会人文纪实以及传统戏曲、民间民俗等相关内容的拍摄，作品发表于《炎黄地理》、《中国国家地理》等多家报刊。

林帝浣（小林）　毕业于中山大学，现居广州。工摄影、国画、书法等，CFP签约摄影师。

姜　曦　网名“三两”，上海人，自由摄影人，常住成都，四川省摄影家协会会员。

俞诗恒　幽墨文化创作总监，毕业于长江大学，现居武汉。

许　庶　媒体人，曾就职于成都电视台等，为《新城视》、《奢尚》等杂志特邀摄影。

朱志云　湖南摄影家协会会员，浏阳市摄影家协会主席，作品多次获奖。

刘建国　湖南浏阳人，湖南省摄影家协会会员，浏阳市摄影家协会秘书长。

程国强　籍贯河南，现居上海，摄影好受者，上海摄影家协会会员。

袁柏平　湖南浏阳人，湖南省美术家协会会员、湖南省摄影家协会会员。

谢卓勋　湖南摄影家协会会员，娄底市摄影家协会名誉副主席，新华社图片库、人民网等签约摄影师。

何建强 祖籍重庆，退役军人，自由摄影师，现居成都。

林　辉 原籍湖南长沙，现居旅顺。毕业于鲁迅美术学院，现为美术教师。

陈　晓 上虞人。毕业于武汉大学，现为绍兴市文化馆研究馆员。

李　丹 摄影师，居上海，现从事企业管理工作。

刘　丰 祖籍成都，现居住于南京市，现为南京医科大学教师。

张　杰 摄影师，绍兴人，现供职于金融系统。

后　记

■李　礼

2012年的春天，有或没有历史感的人，都可能会在某个草长莺飞的日子回忆起民国来。100年前，随着46岁的孙中山在南京的几句宣誓，一个老大帝国突然戛然而止，民国时代就这样出人意料地到来了。幸福或灾难总是神出鬼没，就在一年前，绅士们还在争吵着国会的早日到来；就在几个月前，严复还为这个国家写了一首32个字的国歌。聪明如严，亦无法知道这居然是首挽歌。

这一切是如何到来的？

信奉历史必然论的人们当然已经给出了各种解释，虽然在对历史回望和重构中，所谓历史规律也是如此千姿百态。总的来说，我比较喜欢美国学者任达的描述："就这样，在1911~1912年间，在革命者、不再抱幻想的改革者、新军士兵、各省吓坏了的官员和城乡杰出之士共同但并非有组织的反对下，2100年来古老的帝制政府突然崩溃"。说得富有戏剧感，也充满了历史的真实。

当然，如果非要在辛亥年找一个有点像必然的东西，那不妨将其视为一次历史积累的爆发和诸多事件的合力。近代以降，改革和新思想如走马观花般在中国登场，虽然其间充满了失败、流血、阴谋和梦想，但各种背离旧王朝的能量已经如岩浆在地下汹涌，一个合适或叫做偶然的时间、地点，无疑就是一个发泄的裂缝。而这本书的尝试正是通过图片和游记穿梭于当下和历史，向芜杂的历史投去自己好奇的一瞥：

上海，租界和望平街，这里商业发达、众声喧哗，西方文化和报界舆论，成为摧毁中国旧政权的一种新势力；

山西五台，一个内陆小城的徐继畬如何影响了华夏地理观的一次历史转向；

广东新会，茶坑村的梁启超，广州万木草堂里的康有为，以及黄花岗上年轻的生命；

天津小站，这里是北洋新军的发迹之地，日后正是新军士兵发起了起义，而他们的领袖们则成为革命的巨大受益者；

江苏南通，张謇的实业行动被视为一种士绅们在政治斗争框架之外的一种救国努力；

浏阳，这座小城是谭嗣同和唐才常的故乡，二者均为改良派中的左翼，后者领导的自立军起义，虽以“勤王”为名，却被认为是“在两湖地区酝酿革命的第一步尝试”；

北京，西什库教堂门口义和团的失败，几乎意味着政府的事实破产；佟麟阁路，这里是资政院旧址所在地，在与革命派赛跑的最后几年里，迟迟未开的国会让立宪派错过了最后的机会；

旅顺，1906年在此战斗的两支外国军队，让国人受到鼓舞的不仅是黄种人的胜利，还有立宪小国打败专制大国背后的制度诱惑；

成都岳府街，见证保路运动的历史痕迹多已不在，不过这里点燃了1911的怒火。

……

毫无疑问，历史为后人布下了各种好玩或不好玩的陷阱和想象的空间。如同从古到今，中国社会总有明制度和潜规则一样。我总觉得，文献里的字句有着不同于现实世界的“纸上人格”，特别是一个有着文字崇拜的民族来说，尤其如此。

因此经常需要一些现实和地理的东西作为注脚，虽然后者也非不能说谎，却不失为一种必要的补充或启发。而在西学东渐的过程中，地理对于中国也意义非凡，众多近代先进的中国人，其改良或革命的思路正是始于对各国位置的认识，在经过多次历史耻辱后，他们终于明白所谓“天下之中”的中国只是世界文明之一种，而那些过去遥不可及的“极西”和“泰西”也并非烟熏火燎之地，于是乾隆诗中所谓“宁可求全关不开”的理想封闭局面，终成明日黄花。

从某种意义上说，不到地理现场，历史难以被如此生动地理解。正如谭其骧、顾颉刚先生在《禹贡》发刊词开头所写的那样：“历史是记载人类社会过去的活动的，而人类社会的活动无一不在大地之上，所以尤其密切的是地理。历史好比演剧，地理就是舞台；如果找不到舞台，哪里看得到戏剧！所以不明白地理的人是无由理解历史的，他只会记得许多可佐谈助的故事而已。”地理现场，颇似一个值得期待的小门或旁门，推开它，人们可以更容易地直达历史深处和有趣的现场，而那些政治正确的光芒，也往往在风物和地理面前褪去神话。

一个孱弱的老大帝国摇身变为亚洲首个美式共和国。我们可以真切体会，彼时很多人难免会如此设想：1912年意味着中国霉运的终结。然而在随后的20世纪里，中国人的灾难和痛苦是如此之多，如同法国人谢和耐所说：“中国似乎变成了命运的玩物而无法进行抗争”。虽然来了民国，来了共和，这个国家却进入了一个史无前例的碎片化时代。于是，强人和威权政治以另外一种畸形的方式找到了自己的市场，从新皇帝登基，到旧皇帝复辟，从委员长训政到新的红太阳升起。很多人怀疑，巨大的历史惯性，让中国人重新给自己戴上了枷锁。

任何一种文化传统都必然好坏混杂，不断发展，问题的关键很大在于如何在一些适宜制度安排下，发掘其优良的传统，而压制或抛弃其糟糕的东西。正如密尔在论述“好政府”的标准时所说，一种好的政治制度，应该有助于培养社会成员的道德、智力等好的、积极的品质。就过去100年来说，中国在此方面作为甚少，破坏甚多。这不仅遮蔽了很多值得开掘的优秀文化传统，更让其中的“恶之花”觅得土壤，肆意开放。此消彼长之间，最大的失败可能就是中国人对自己文化传统的挫败感。

“共和”进入中国百年，期间经历的种种变异，其光怪陆离、奇形怪状，非三言两语能够描述。不过在无数人动辄喜欢判断此制度、彼制度不符合中国国情时，人们很少去仔细想一想，这真的是一种水土不服，还是我们就从未真正贯彻实行过。

与逝去的世界的无声对话无疑让人兴奋，人类对历史的兴趣与生俱来，因为正是前人影响、塑造了后来者的生活，无论是美妙或糟糕。不过，很少有人拥有斯宾诺莎那样的勇气，打算像考察线条、平面和体积一样考察人类的行为和欲望。在我看来，对历史的探索，最可怕的事情莫过于得到圆满的答案，这种自以为是不仅值得怀疑，也多少有点索然无味。正如茨威格所说，历史如同小说，恐怕这不是罗布代尔的细致或司马迁的文采所能解决的，你当然可以给出如真理一样的回答，但正如昆德拉所说，“每一个答案都将是一架捕捉傻鸟的夹子”，因此对本书的描述和呈现，诸位姑且看之。不过作为《炎黄地理》杂志的主编，我还是要感谢作者们的赐稿，特别是远在香港的哲夫先生，一直在历史图片方面的慷慨支持。“乘众势以为车”，正是你们的精彩文字、影像，让一本年轻的杂志得以不断发展，虽然由于各种原因，他还很不成熟。

在此，也要感谢中国发展出版社的赵建宏、陈学英为本书付出的努力，更要感谢包月阳社长的关心支持，作为一位新闻业广受尊重的前辈，在转型为出版人后，人们注意到，日益众多的力量正在向这里汇聚。

2011年4月于北京光华路